夫と歩いた日本すみずみ

花房啓子

幻冬舎MC

夫と歩いた日本すみずみ

はじめに

元号が平成になった1989年から約8年半ほど義父の介護をし義母と共に看取りました。しばらくぼーっと何も手につかなくなっていた時期、たまたまパソコン講座に出会って新しい世界が開けました。

講師の中村英明先生の発信しておられたメールマガジン「Weekly KURASHIKI 週刊くらしきタウン情報（略称ウィくら）」に記事を掲載していただけることを知り、2つのシリーズの試行錯誤の後に、「keikoのお出かけ日記」というタイトルの連載を始めました。

第1回は2001（平成13）年9月、義母や義妹夫婦と出かけたしまなみ海道。以後出かけるのが大好きだった夫に従って、近くは倉敷市内の散歩や岡山県内のドライブ、遠くは台湾と中国・東莞、北は宗谷や礼文島、南は沖縄・与那国島、波照間島まで。また興味あるテーマに沿って五島、平戸、天草、長崎と日本中と言っていいくらいに旅することが出来ました。気づくとおよそ9年分。メールマガジンは2013（平成25）年1月に休刊になりました。初期の記事は、たまたま紙にプリントアウトしたものでしか今ではたどれません。メールの送信履歴やブログから拾えるものを拾ってみました。

夫はその間に何度も心臓の血管にステントを入れるなど入退院を繰り返しながらも夫婦での

ドライブや旅行を楽しみ、２０１９（平成31）年2月19日に74才で亡くなりました。新型コロナウイルス感染予防のため会合も行事もなくなり自宅にこもる期間に、書き続けたこれらの記事を編集してまとめることにしました。

夫への深い感謝と共に。

本文中に記載の情報は、メールマガジン連載当時のままとなっております。

目次

中国地方篇

北海道篇

中部地方篇

四国地方篇

九州地方篇

沖縄篇

外国篇

倉敷市内篇

倉敷屏風祭を歩く

２００３（平成15）年10月18、19日、倉敷美観地区の民家の玄関で、その家に伝わるお宝や屏風を公開する「倉敷屏風祭」が前年に続いて行われました。

今年初めて見る夫と共に２人で見物に行きました。去年は雨模様で傘の花が開いていましたが、今年は幸い秋晴れのいいお天気に恵まれ、去年以上に盛り上がっていました。

東のはずれ、「くらしきの宿東町」が28番でした。この前のあたりで、案内図をいただきました。その時いた東町が東のはずれ、反対側の西の端の大原邸が１番でした。よく見るとその地図には、公共のトイレの場所（倉敷国際ホテル、大原美術館本館、倉敷館、倉敷公民館、考古館横の公衆トイレ）や、飲食店の場所と食べ物の種類なども載っていて、様子がよくわかるよくできた地図でした。

「くらしきの宿東町」では、昨年は玄関のところで金屏風と琵琶の展示がありましたが、今年は東側の門を開けて、お庭を公開していました。苔を踏まないで、と女の人が立って注意を呼びかけていました。私たちは法事の会食で2回ほどこのお座敷からお庭を眺めたことがありましたが、庭に入らせてもらったのは初めてでした（２０１４年5月閉店）。

くらしきの宿東町のお向かいの楠戸邸は私の尊敬する先輩主婦のお宅で、その玄関の間には、明治期とみられる美人画の屛風がありました。

隣のはしまや呉服店には、土間に面した続きの間に寄せ張りをした屛風と、着物が展示してありました。ここは明治の建物ですが、手入れが行き届いており、昔ながらの白熱電球がぶら下がっています。

土間の壁には、この建物を訪れた有名人のセピア色の写真があれこれ展示してありました。見ると、民芸運動に力を入れた柳宗悦、陶芸家の濱田庄司、バーナード・リーチ、サルトルとボーボワール、ロックフェラー夫妻など、有名人がいっぱい。

この店のご当主や奥様が着物姿で応対していました。

店から路地に入ろうとしたところ、私の友達2人連れとばったり。あらまあ、と夫に2人を紹介。大勢の人出でしたが、知った人に会ったのはこの2人だけでした。

路地を入って奥の左手に、この呉服屋さんの元の米蔵を改装して作られた「夢空間《サロン》はしまや」があります。ここは蔵が三つ並んでいて、先ほどの楠戸邸の奥さんの説明を以前聞いたところによると、手前の低い床の蔵が漬物蔵、少し高くなった真ん中の蔵が呉服を包む畳紙を入れる紙蔵、一番床を高くしてあるのが大事な米を入れる米蔵だったということです。「夢空間はしまや」は元の米蔵を改装されたもの。石段を7、8段くらい上がったところにあります。ここには藍染めの布を貼ったような屏風が二双、ピアノのそばに展示してあり、喫茶でお茶を飲んでいるお客を横目に見せてもらい、飲んでいる人は落ち着かないだろうなと思いながらぐるっと回って出ました。

普段は閉め切ってある先ほどの路地の突き当りの扉をこの日は開けて、庭の奥の突き当りにある、楢村設計室に貸して改装している部分も公開されていました。楢村さんが1階応接室の土間に座って、来るお客をもてなしていました。実は夫の妹がこの楢村さんの同級生なので、よく話を聞いているのです。

古民家再生運動をしている楢村さんが改築した民家の数々が、写真パネルで展示してあり、建物の雰囲気を残しながら今に使えるモダンな内装に変えていく様子を伝えていました。

楢村設計室を出るとそこは楠戸邸の北側の道路で、そこからまたさっきの東町の通りに引き返して、中村邸の珍しい仏手柑《ぶっしゅかん》という、仏様の手、というよりはバナナの房に似た柑橘類の枝が生けてあるのを拝見しました。「西遊記に出てきたのを知ってるよ」、という小父さんが見物していました。

本町通の岡野靴店には、清水比庵という、高梁市出身で京都帝国大学を出て栃木県日光市の市長をしたという書家の、自由闊達な書風の屏風が狭い店先を飾っていました。

その斜め向かい、ジャズ喫茶アヴェニュウにも、店の雰囲気とは全く違う雰囲気の立派な、１８６５（慶応元）年作という四季の屏風が展示してありました。

本町通から南に折れる通りに面した加藤邸は、立派な門構えで、昨年ここに飾ってあった屏風は、天井に届きそうなほど大きくて素晴らしかったし、おばあさんが番をしていて解説のお話もあったのですが、今年は山水の少し小ぶりの屏風で、どなたもお話をする人はいませんでした。

そして、その近くの森田酒造の前まで行くと、ちょうど阿智神社のお祭りの子供みこしが帰ってきたところでした。にぎやかに太鼓を鳴らしながらその上の石の鳥居の方に向かって曲がって行きました。その鳥居の手前には外国人観光客もいて、珍しそうに見ていました。その人、ちょうどお祭りに行き合わせてラッキーだったと思います。

井上邸の向かいの建物内では、着物を着たほっそりした女性がお琴の演奏をしているのを、倉敷ケーブルテレビが映している所でした。３年くらい前（２０１０年ごろ）に、朝日新聞の日曜版に大きな写真入りで出ていた六ツ森ケイ子さんでした。

倉敷公民館でトイレを借り、お向かいの中国銀行倉敷本町出張所の駐車場では、倉敷商工会議所女性会がやっていた甘酒を２００円で飲ませてもらいました。ここは私の行きつけの銀行ですが、駐車場にテントを張って（倉敷市と書いてあった）長机にテーブルクロスをかけ、丸椅子の模擬店でした（２０２０年現在は大原美術館が買い取り児島虎次郎の展示館に改装）。

そしてその横の路地を入り、展示番号１番が大原美術館を建てた大原さんのお屋敷。大原邸の屏風が倉敷川に面したお部屋に展示してありました。金屏風二双で、右手は有名な洋画家・満谷国四郎の絵、左手が大原孫三郎氏がスポンサーになって絵の勉強をさせ、のちにヨーロッパに渡って大原美術館の元になる西洋名画を買い付けてきた、児島虎次郎画伯の絵でした。

絵の手前には、その孫に当たる陶芸家児島塊太郎氏の器に花が生けてありました。

洋画家の書いた屏風絵というのは、やはり日本画家の屏風絵とは雰囲気が違う気がしました。

その部屋の横の玄関土間には、お駕篭が屋根を上げた形で展示してあり、江戸時代の分限者らしいお道具でした。

大原家別邸、別名緑御殿と言われる有隣荘では、生け花アーティストの中川幸夫氏のお花と屏風の展覧会が入場料1、000円で催されていましたが、夫は興味がなく、お金を払ってまで見ないとのことでしたので見ませんでした。

その後は、駅前メインストリートを横切り、ＪＲ倉敷駅まで行ってしまいました。

軽くお寿司を食べました。

その後、商店街に入ると、お祭りらしく獅子舞の一行と出会いました。獅子舞を見るのは倉敷では初めてでした。ちょうどお菓子屋さんに行って断られたところで、舞う姿を見られなくて残念でしたが、お祭りの周辺の人たちの様子が最後になって見られて幸いでした。

屏風祭の風景

玉島を歩く　レトロな商店街　歴史民俗海洋資料館

２００６（平成18）年12月17日、いつものように夫と出かけてきました。倉敷市玉島の古い商店街を訪ねてみました。

まずは中国銀行のそばの市営駐車場へ車を止めました。１時間１００円のコインの駐車場。歩き出して、商店街へ入ると……

古い建物が目に付きました。旅館のようでした。

港の奥にある水門。水面にはゴミが浮いていますが、このたたずまい、古くてなんだか懐かしい雰囲気。映画のロケがあったみたいです。なるほど、『ＡＬＷＡＹＳ　三丁目の夕日』のムードです。

水門を越えて、通町《とおりまち》商店街の入り口。パチンコ屋の看板には「思ひ出」。旧仮名遣いに注目です。

通町商店街へ入ると、結構幅が広い通りで、洋品店、餅屋さん、理髪店、自転車屋さん、洋菓子屋さん、呉服屋さんなどなど業種も様々な商店がびっしりと立ち並んでいました。

その中の１軒、呉服屋さんは、私の大学時代の親友の実家でした。子供たちはみんな故郷を離れて、無人になっています。

商店街を突っ切ったところにがっちりした石垣のある倉庫がありました。

行きには気付かなかった鋳物の円柱型の赤いポストが２ヵ所にあるのを発見。これってロケ用だったのかもしれません。


通町商店街とは直角に交わる通りに出てきました。中国銀行のそばの市営駐車場に帰って駐車料金を見ると、１時間以内だったので１００円でした。安いです。


実は、トイレに行きたくなって、商店街では見つからず、車で探していたら、偶然児童館に併設されている歴史民俗海洋資料館というのが目に付き、トイレを借りるつもりで入りました。

入ってみると、昔義父が会社から持ち帰った仕事をするのに使っていた計算機と同じものが展示されていて、夫は懐かしそうでした。展示されていた、住友重機製作の船舶のエンジンの模型の一部。シリンダーの部分に夫の会社の製品が使われていたそうです。

昔の生活で使われていた道具類のほか、玉島は「麦稈真田《ばっかんさなだ》」という麦わら帽子が特産で、その行程の展示もありました。

綿花は海に近い塩気のある土地でも出来たので木綿の製品もよく作られたようです。

江戸時代？の脱穀機「せんばこき」やら、もみすり機やらの農機具がありました。

私の幼いころ両親が田舎の祖父母を手伝って足踏み脱穀機を使っていたのを見たことがありますので、足踏み脱穀機が使われる以前はせんばこきだったのかと思いました。

連島、乙島、柏島といった島が点在していた源平時代?の地形が、高梁川の堆積物やら干拓やらで次第に陸地化する様子を示している地形図もありました。

そして、源平の「水島合戦」の古戦場がある事を知りました。古い地図に照らし合わせ、興味深く見学させてもらいました。

商店街には食べるところはお好み焼き屋さんくらいだったので山の上の国民宿舎良寛荘まで行きました。高い場所のレストランからは玉島大橋のあたりがよく見えます。

「今週の料理長おまかせ定食」９２４円

そこから徒歩5分くらい上がったところに、寛政年間に良寛さんが国仙和尚の下で11年間修行したという円通寺があります。良寛像は１９８１（昭和56）年に作られたそうです。

初詣に阿智神社、そして商店街へ

2008（平成20）年1月3日（木）、風は冷たくお正月らしくピリッと締まった感じ。ウォーキングをかねて11時半ごろから87歳の義母も一緒に阿智神社へ。義母は、トイレ休憩を所々入れたことと、神社正面の石段は危ないので側面の車道を登るコースにしたことで問題なく歩けたのには内心驚嘆しました。

さて、神社のある鶴形山を登る坂道、左手には古代の石組み（いわくら）や水琴窟のある斎館の建物があります。そしてきれいに垣根を作って整備された竹やぶの横を通ると、2ヵ所ほどふもとからの風情ある小道があります。そのうちの1つがかつて義母と義父が毎日散歩がてら上ってきた道だそうで懐かしそうでした。山茶花の生垣にはちらほら花が咲いていていい感じでした。

神社の東の「参集殿」の前ではお札を納める受付があり、そこで去年のお札を納めてから境内へ。いつものお札を売る建物の向かいにお正月らしくお守りや破魔矢などの縁起物を売るテントができていました。そして能舞台ではお琴と胡弓の演奏中。出演の人が黒留袖を着て改まったところはお正月らしい。

本殿にお参りし、本殿の回りの末社を巡り、氏子による餅つきをちょっと見て一周すると、ちょうど「三女神の舞《さんにょしん》」がもうすぐ始まる時刻。かつてメールマガジンで取材したときに祢宜《ねぎ》の石村さんから1999(平成11)年から企画して始めたと聞いて、一度見てみたいとずっと思っておりましたので、最前列で見物しました。何しろ日本書紀の時代の設定ですので、そんな感じのゆったりとした真っ白な衣装をまとい、1人ずつ鏡、剣、勾玉の三種の神器を首から下げています。しずしずと登場し、上代を思わせるメロディーの歌を歌いながら、この地に降臨して地域の平安を願う様子などをゆるやかな舞で表現していました。約3、4分、またしずしずと橋掛かりから退場。

神社のある鶴形山をまた坂道から下り、美観地区へ。冷たく澄み切った倉敷川。川岸には、すっかり葉を落としオリーブくらいの白い実がびっしりとついたセンダンの木の枝が、空に向かって広がっていました。

旅館くらしきの入り口には青と白の幕がめぐらされ、お正月らしい改まった雰囲気。ここらで昼食を、と思いましたがお正月用の会席料理で3、500円と高かったり待つお客が多かったりでパス、結局メインストリートの横断歩道を横切って西の「いわ倉」へ。

和食の店「いわ倉」で、メバルの煮付け、刺身、たこの酢の物、はまち?の焼き物の定食、1、550円。昨年からのちょっとしたご縁で店長さんがサービスで新製品のデザート、「雪《しぇ》花氷《ほぁぴん》」を持ってきてくださいました。見た目、カキ氷ですが、味はアイスクリーム。それがまたあわ雪みたいに繊細に削られていて、口に入れるとほわーっと溶けていき、なんとも優しい食感でした。400円ですが家族とか仲のいい友達とかで分け合って食べるとそれほど高くもないかと思いました（「いわ倉」は残念ながら2019年閉店）。

「いわ倉」を出て阿知町の交差点から商店街へ。田中花店の角を左へ、「倉敷民芸」の前に出て、先日のテレビで映っていた「倉敷の高級バッグ」を思い出し店内へ。ここは2001（平成13）年のメルマガ連載の「Keikoのちょっと言わせて」の中の「がんばる商店会長さん」という記事を書かせてもらって以来の知人です。

話題の高級バッグとは、店内の真ん中に多数展示してある、一見買い物籠のことです。大小あり、そのうち最高級のものは、なんと10万円を超えています。びっくり。オーナーの野嶋さんによると、素材が東北地方の山奥にしかないヤマブドウなのだそうで、編み手はまだいるものの、希少素材のため高いのだとか。そして、なんと100年もつのだそうです。

そしてさらに「えびす饅頭」のお店の前へ。見ると2、3人しか並んでいない。ラッキー、ここはいつも行列が長くて諦めていましたので。でもあっという間に通りがかった人の行列が後ろに長くついてしまいました。焼きたてのを1個65円で買い、どこか食べるところを、とぬくぬくを手に持って探しながら歩いていると、無料休憩所の「えびす交舎」がありました。お誂えにベンチとテーブルもあったのでぬくぬくのうちにえびす饅頭を食べました。そこは倉敷の古い絵地図を解説したものや、倉敷の町の由来、お祭りには必ず出る「素隠居」のお面と扮装の人形などが展示してあり、観光客には倉敷を知っていただくいい場所だなあと思いました。

瀬戸大橋開通20周年記念「瀬戸の夕暮れ味わいクルーズ」

２００８（平成20）年4月19日（土）、曇り空で風も強く、この時期としては少し寒い日でした。偶然新聞で見かけて申し込んでいた、瀬戸大橋開通20周年記念イベントのひとつに出かけました。児島観光港の建物で午後5時から受付があり、大人１人３、８００円を払い、バラ寿司のお弁当をもらって乗船しました。

船はすでに見晴らしのよい窓際の席はふさがっており、私たちは畳敷きの部屋の窓際に座っていた女性２人組との相席になりました。募集定員２００人、満員の乗客でした。

午後5時半、銅鑼の音とともに出航。すでにお弁当をぱくついている人も多く、私も撮影にデッキに出るため早めにいただきました。ママカリ、えび、あなご、いか、たこなど瀬戸の幸の載ったバラ寿司にデザートのイチゴなどの入ったお弁当。船は児島観光港を出ると南下。

鯨の形に見える竪場島《たてばじま》、三角おにぎりの形の大槌島が見えます。

下津井の岬を右に見て走るとき、乗船した御座船の元となった絵馬が奉納されていたという祇園神社が見えます、との放送もありました。御座船というのは大名が参勤交代のときに乗船した豪華絢爛な客船のことだそうで、乗船した船は岡山藩の住吉丸の絵馬を参考にして建造されたものだそうです。

象の形をした象岩で有名な六口島などのガイドがあり、瀬戸大橋が見えてくる頃、向こうの雲間から2筋、3筋の光の帯が見えました。「天使のはしご」と呼ばれるものです。残念ながら美しい夕焼けは見えませんでしたが、その代わりにこの海の上にかかる天使のはしごが見られて感動しました。デッキにはウインドブレーカーに本格的なカメラを構えた人をはじめ大勢の人が出て景色を眺めていました。

下津井瀬戸大橋の下をくぐり今度は南下。そのころ船内ではクイズやら岡山さわら連の踊りやらがステージ上であったようです。1人女の子がいて、大人の人の背中には「鰆」の字がそめぬいてあったのに、その子の背中には「さごし」とひらがなであったそうです。鰆は出世魚で小さいものはさごし。なるほど。

デッキの上で景色を楽しんでいた私の前には、採石場の跡がわかる与島にかかるトラス橋のカーブやら、美しい斜長橋の櫃石島橋・岩黒島橋、そしてつり橋の北備讃瀬戸大橋、南備讃瀬戸大橋、その向こうの坂出・番の州工業地帯の赤白に塗り分けられた煙突、それから讃岐富士などの一連に見える風景が広がっていました。

まるで川の流れのように急な瀬戸の海流が波の動きで素人の私にも見えたり、またタンカーや貨物船などが行き交ったり、ブイが浮かんでいる海上交通の様子、島影に見える「見・張・励・行」と順番に1文字ずつ点灯する注意標識など、海の上ならではの風景に見飽きることがありませんでした。

本四架橋の3ルートのうちただひとつの鉄道併用の橋なので、電車が通るところを撮影したいな、と願っていたら、2度ばかり通過するのが見えました。なんと、電車ですらまるで尺取虫くらいに小さく見え、少しも写真のアクセントになってはもらえず、逆に橋の巨大さがよくわかるという結果になりました。


二つの巨大つり橋の中央に聳え立つコンクリートの部分も、何十階建てのビルに相当するものやら、ゆっくりとつり橋の下を進む船から口をあんぐりとあけて見上げました。

体が冷えてきて船内に入ると、豪華な御座船らしい仕様の階段や、お座敷の部屋のほうへ入ると天井も絵の描かれた豪華な格天井の仕様になっていることに気づきました。

薄暗くなってくると、つり橋の太いケーブルがライトアップされ、またそれを支える主塔も照らし出されてアルファベットのHの形に浮かび上がってきました。下津井の山の上には鷲羽山ハイランドの観覧車と、瀬戸内児島ホテルの窓の灯りが見え、夜景もきれいでした。

やがて児島の町の灯りも見えてきて午後7時半ごろ、予定通り2時間のクルーズは終わりました。

瀬戸大橋の巨大さ、備讃瀬戸の島々の景色の美しさを堪能させてもらった2時間でした。

児島の商店街と「風の道」を歩く

2009（平成21）年1月4日（日）です。ネットで探したウォーキングコースのマップをプリントアウトして、児島方面を歩くことにしました。少しでも体脂肪を燃やすことが出来るでしょうか。

昼前に家を出たので、ちょうどお昼時、JR児島駅付近のお店で腹ごしらえ。歩き出したのは午後1時10分前でした。寒くはあったけれど、いいお天気。

地図を見ながら、市民病院横を通り、郵便局の角を右へ折れ、突き当たって川を渡らずに左折し小田川沿いに歩きます。そのあたりは、かつて下津井電鉄の児島駅があり、バスステーションもあってにぎやかな所でした。下電が廃線になり、線路はなくなったものの、橋が2本かかり道路も複雑に交差しています。歩道はないので道の端を気をつけて通過。

左手には、迨暇堂《たいかどう》という、塩田で財を成した野﨑家別邸の土塀が長く続き、お庭の山茶花がピンクに咲き競っていました。右手の川は、歩いている側のほうが道路がだいぶ低く、先年の高潮ではかなりの浸水被害を出したため、40㎝〜50㎝くらいの高さの頑丈なコンクリートの護岸壁が出来ていました。

野崎家旧宅の駐車場のところを左に曲がっていくと、オリジナルのジーンズショップがありました。個性的なこだわりのジーンズを作ってくれるのではないでしょうか。

そして、商店街の端っこに取り掛かりました。すると……私が子供時代に見ていた、人がぞろぞろと歩いていた商店街はどこにもなく、舗装だけはきれいになったものの、アーケードは取り払われ、ずっとシャッターが閉じられ、人っ子一人歩いていませんでした。かつては下津井電鉄児島駅から住宅地へと結ぶただ1本の道だったのですが、下津井電鉄が廃線となり駅は無くなり、シキボウの工場移転で社宅も廃止、人の流れもずっと減ってしまいました。そのシキボウの工場跡地に出来た商店街がひと時にぎわいを見せたものの、今度は製塩業がそれまでの大きな面積を必要とする流下式製塩法からイオン交換樹脂による製塩法に変わったので、塩田の土地がいらなくなり一気に広大な用地として浮上したのです。大型スーパーの開店、JR児島駅の建設など、商圏はすっかりそちらへ移りました。そんなわけで、かつての商店街は、役目を終えて静かに眠っているのでした（その後「ジーンズストリート」としてジーンズ直売店などを中心ににぎやかさをとりもどしてきています）。

旧商店街をそんな感慨とともに通り抜けると、塩田王、野崎武左衛門を顕彰する記念碑があります。広い敷地に庭園があり、その中に石造りの立派な尖塔のオベリスク風の記念碑があり、その尖塔部分が破損した時に備えてスペアを最初からその脇に横倒しで確保してあるのには驚かされます。高さ12m、児島の瀬戸内海に浮かぶ六口島産の花崗岩で出来ているそうです。

さらに行くと、徐々に商店街から住宅へと建物は変わり、そんな中に、はっきりと線路の幅だけ未舗装の土の道があり、枕木を使ったフェンスがまだありました。土の感触は足に優しいな、と感じて喜んでその狭い道幅の往路を楽しみました。そのころ、たまたまトイレに行きたくなり、ちょっとコースを外れるものの、スーパーマルナカの看板を見つけてトイレを借りに行きました。

さらに歩くと、「扇の嵶口《たわ》」交差点に差し掛かりました。横断歩道を渡るとローソンがあり、水分補給がてら道をたずねると、一度途切れていた線路の跡地を見つけることが出来ました。阿津駅の跡周辺では、地域住民によりパンジーの可愛いお花が道沿いにずっと植えられていて心が和みました。そのそばの呉服屋さんは私の友人宅で、かつては阿津駅から吐き出されるお客が吸い寄せられるように来店していたそうでした。

そこからは、少しずつ山に向かって緩やかに上り坂です。ＪＲ瀬戸大橋線の高架を再びくぐりぬけると、競艇場のそばを通ります。見下ろす児島競艇（現・ボートレース児島）は、お正月のレースが行われており、エンジン音がとどろいていました。そのそばには琴海《きんかい》駅の跡。観光地図の看板もあり、めざす鷲羽山駅はその次でした。
鷲羽山駅のトイレは建設中。そのうちに出来ると期待は出来るものの、使用不可。がっくりでした。そこからは瀬戸大橋が眺められ、景色を写していると、小学生くらいの男の子２人が自転車でやってきました。「どこから？」と聞いていると、父親がやってきて、水島に住んでいて、風の道の起点である茶屋町からずっとたどってきたとのこと。下津井まで行ってから自宅へ帰るのでしょう。何人かの歩く人や走る人と出会いましたが、この親子が話をしたただ一組の人でした。

帰りは、緩やかな下りなので楽でした。行きには背後なので見えなかった児島の町がはるかに見えました。ＪＲの高架の脇を競艇場の横手へ下り、競艇の送迎バスセンターでトイレを借り、広い自動車道の歩道を海沿いにずっと歩いて起点のＪＲ児島駅近くまでたどり着きました。午後３時40分くらいでしたので、約２時間半くらいのコースということになります。結構しんどかったけれど景色が楽しいコースでした。

倉敷もんが歩く倉敷美観地区案内

２０１０（平成22）年10月31日（日）お昼少し前から、夫婦でウォーキング。折あしく雨が降り出し、傘をさして。

まずは気になっていた、旧天満屋敷地（駐車場の時期を経て今はマンション）の隣、蔵を改造してできた「割烹山部」で２、０１０円のランチから。そこは、倉敷育ち、90歳の義母から、友達の家業の倉敷段通の建物だったと聞いていた所を改造されたようです。

店内は土間から上がる個室のお座敷になっていました。２、０１０円の「倉敷川」というコースが一番安いランチ。メインはいろいろ乗っていて、小鉢には藻貝《もがい》の煮物、アミ大根（煮物ではなくて酢の物でしたが）、焼き物はさわらの幽庵焼きなど、地元食材や料理法を使って倉敷らしさをアピールしている様子。仲居さんはみんな和服。だけど、袖のところに帯を通して留めるものとか襷《たすき》とかがないと、お給仕しにくいのでは、と思いました。

えびす通商店街を歩きました。ここはアーケードや舗装をきれいにしています。上からは応募作品らしい写真が下がっていて楽しめます。雨だと駅から美観地区までをこのアーケードを利用して行き来できるから便利。続く本通り商店街は、家の古いたたずまいを見せようとわざとアーケードを取り払っています。

そして商店街をちょっとそれて「倉敷物語館」へと続く路地を通ります。左は旧大原家。あの大原美術館を建てた倉敷紡績社長大原孫三郎らの住んでいた家です。

愛文社書店からの路地はこの1本右手あたりにあります。そこは「あずきばばあ」がいたとか、義母が話していました。

観光でおなじみの倉敷美観地区の倉敷川河畔に出ました。行く手右側の赤いテントの入り口は有名な老舗の喫茶店「エルグレコ」、その向こうが大原美術館です。

大原美術館の石塀のツタが紅葉していてきれい。今は大原美術館創立80周年記念特別展「大原BEST」という展覧会をやっているので、地元の私たちも見に来たのです。

雨のためいつもいる似顔絵描きのチモトさんがいません。石塀に沿って似顔絵を並べているのですが(2011年ごろ死去)。

本館は「イオニア式」というギリシャ神殿風の建物で、右手に立つ彫刻はロダンの「カレーの市民」群像の一つです。〔イギリス・フランス間の百年戦争(1337~1453年)のエピソードをもとに制作されました。

1347年、イギリス王エドワード3世は、フランス北部の港町カレーを包囲しました。王はカレーの市民6名が、町の城門の鍵をもって投降することを条件に、攻撃をやめることを提案。町はこの条件をのんで、鍵と市民をさしだしました。本館正面右側に立っているこの「ジャン=デール」が持っているのは、城門の鍵。鍵をもつたくましい手、前方をしっかりと見つめるまなざし、直線的な衣の表現は、ジャン＝デールのつよい決意をあらわしているかのようです。」（大原美術館のサイトの説明より）

この大原美術館本館の横幅は、2階のホール正面の壁に展示してあるフレデリックの「万有は死に帰す、されど神の愛は万有をして蘇らしめん」という超巨大な絵の幅に合わせたものだとか。実際、絵の幅ピッタリの建物です。一見の価値あり。

入館料は大人1，000円、それに音声ガイドが入り口のところで借りられ、500円。絵そのものの鑑賞のためのガイドのほかに、2段になった番号の下のほうを押すと、大原孫三郎の後押しでベルギーへ留学したのがきっかけで絵を買い集めた児島虎次郎画伯が、どのようないきさつで手に入れたかという経緯の説明もあって興味深いものがありました。

特に有名なモネの「睡蓮」は、モネ自身に願い出たところ、「1週間待ちなさい」と言われ、行ってみるとモネが影響を受けた浮世絵の国に送るためなのだからと思ってか、特別に力を入れて描いたものだったそうです。また、マチスの娘さんの肖像画は、売らずに自宅に飾ってあったのを貰い受けてきたのだとか。

大原美術館の目玉、エル・グレコの「受胎告知」は、昔、私が小学生の頃に飾ってあった本館2階のホールではなく別室に特別展示。400年も前、日本で言うと戦国時代の作品です。この絵が市場に出た、ちょうどその時に奇跡的に児島虎次郎がその場にいた、という全くの偶然で、この名高い絵が日本の、ここ倉敷に来ることになったのだそうです。

本館を出て、新渓園という元大原家の庭園を抜けると分館があります。こちらは主に日本国内の画家の作品を展示してあります。安井曾太郎、梅原龍三郎など大家の作品群や、地下には現代アートまで。

再び倉敷川河畔に出ました。雨の倉敷川もなかなかの風情でしょう。

石造りの太鼓橋（中橋）を渡り、火の見やぐらの近くを通ると右手に旅館くらしきの喫茶の入り口です。ここのお庭や、喫茶の調度もなかなかのものです。向こうに見える赤いものは、伊勢屋さんの赤いミゼットです。ミゼットと言ってすぐわかる年代の人はたぶん60代以上くらい？　昭和30年代に見かけたかわいい三輪トラックです。

ずっと歩いていたので、ジャズ喫茶アヴェニュウでちょっとひとやすみ。ライブがない

ジャズ喫茶アヴェニュウ外観

時間でお客は私たちだけ。あの日野皓正ライブもあったらしい。ドラムセットやグランドピアノが置かれ、巨大なスピーカーがセットされていて、そこの壁には出演したアーティストたちが書いたらしい落書きがいっぱい。

本町、東町と行くと美観地区はおしまい。東町の「夢空間はしまや」のギャラリーや喫茶、それに最近オープンしたイタリアンの店「トラットリアはしまや」は息子の同級生がやっているので行きたかったけれど、今回はアヴェニュウに寄ったので行けませんでした。

岡山県内篇

おひな様パレードの表町と春の後楽園祭

2006（平成18）年3月5日、私にとっては久しぶりの岡山に出かけました。中心部、表町のオランダ通りのピザパティオというイタリア料理の店。夫はこの前を時々仕事のとき通って気になっていたそうです。ピザとドリンクとミニサラダを頼みました。パリッとしたおいしいピザでした。

商店街の表通りへ歩くと、おかみさん会主催のひな祭り人前結婚式のパレードが華やかにありました。平安貴族のような花嫁花婿さんが人力車で進み、大黒さんやら巫女さんの衣装をつけた人、お稚児さんもいて、紙ふぶきが舞い、お菓子を配って歩くというにぎにぎしいもので、黒山の人だかり。夫は……配られたパンパン菓子（ポン菓子）をもらって食べていました。

その後、後楽園へ梅を見るつもりで行ってみると……。

吉備楽という雅楽の演奏を芝生広場でやっていました。また、「茶香服体験会《ちゃかぶき》」というのを呼び込んでいて、珍しいので500円で参加してみました。

広いお座敷におよそ20人くらいいたでしょうか。宇治から来たお茶屋さんからお茶の歴史や種類、入れ方などを教わり、最初に試飲したお茶が5杯飲むうちの2杯に出されるので、それは何番目と何番目かを当てる遊び。ひざが痛いのに正座する羽目に。

それで、色、茶葉の粉の出具合、香り、味などを自分なりにチェックして答えたらなんと2杯分とも夫婦とも正解‼　帰ろうとすると、カメラを持った人から「飲んでいるふりをしているところを写真に撮りたいからちょっとポーズをして」と頼まれ、私の周辺の人が残りました。そしてもたもたしていたら私が取材されてしまって。産経新聞は取ってないから掲載されても読めないのよね。

そして茶店でおぜんざい（ここのは吉備団子入り）を食べた後、最初の目的の梅林へ向かいました。

（後日談）

掲載記事と写真が　２００６（平成18）年3月8日

この日取材を受けた後楽園のお茶の会の話が掲載された産経新聞のホームページのコンテンツの一つに、掲載写真を送ってくれるというところがあったので、お願いしたら、火曜日にはもう届きました。さすが新聞社、早い。ほんとうに大きな写真。私達の左手奥のほうが床の間で、そのほうには年頃の若い女性も数人いて絵になるかなと思っていたのに、なぜか私達夫婦が一番大きく、偶然とはいえこんなところに出るなんて、とびっくりでした。

近所に産経の販売所が見当たらなかったので、実物の新聞は手に入らないと思い込んでいたら、息子たち、「新聞ならコンビニに行けば各紙手に入るよ」。2日たった後だったので無理でしたが、あまり私にはなじみのないコンビニの品揃え、ひとつ賢くなりました。

永瀬清子さんの自筆原稿を吉備路文学館へ寄贈

岡山県赤磐郡熊山町（現在は赤磐市）出身の、女流詩人の草分け永瀬清子さんをご存知でしょうか。

永瀬さんは１９３１（昭和６）年～１９４４（昭和19）年ごろは東京にお住まいでしたが、戦後は故郷の熊山町に帰り、農業のかたわら４人のお子さんを育てながら詩作をしておられたそうです。

私の知っている晩年の永瀬さんは、岡山市で私の恩師の住む上下２軒のアパート「東雲荘《しののめ》」の大家さんでした。恩師は、大家さんが永瀬さんだから住んでいるのだとおっしゃっていましたが、おだやかでにこやかな永瀬さんがそんな有名で骨のある作風の詩人だとはその頃は知らず、ただ詩の同人誌「黄薔薇」を主宰して忙しくされているとうかがっていました。恩師を訪ねるうち何度かお会いしたことがありました。

その後卒業してから何度かお手紙のやり取りがありました。最近この手紙のことを思い出し、我が家のガラクタと一緒になっているよりは日の目を見たほうがいいのかな、と、吉備路文学館へ託したら、と思い立ちました。以前、作家の石川達三と同じクラスだった母方の大叔父から、卒業アルバムを託されて寄贈したこともあったからです。以下の原稿は、岡山天満屋でアウシュビッツ展があったときに展示されたもののその原稿がどうも見つからない、と言って断り書きがあり、また思い出して書いてくださったものです。

もしもこれを「地獄だ」と云えるなら
―アウシュビッツ展によせて―

永瀬清子

もしもこれを「地獄だ」と云えるなら
むしろどんなに気が楽だろう
でもこれは魔王や鬼のしわざではなく
人間が引きむしった人間
人間が噛み砕いた骨
人間が雑巾のようにしぼり出した人間の血

ぬぎすてられた半端な靴も
小さな欠けた食器も

いまだに生きて救いを待っている
そして電気のように訴えつづける
私たち人間の魂にむかって

ガラクタのように積まれた悪の記念を見て
心に戦慄と恥辱の斧が打ちこまれる
左に顔を背けては行きすぎられない
立ち止まってただ泣くことはできない。

殺されたものの飢餓は誰でもない私らのもの
アンネ・フランクの祈りは私らのもの
蚕棚《かいこだな》のようなベッドで
薪《たきぎ》のように死と折りかさなって――。

前日夕方、問い合わせていた吉備路文学館の館長さんからメールの返信をいただきました。
「今回の永瀬清子の書簡、原稿につきましてぜひ当館で収蔵させていただきたいと存じます。

現在、永瀬清子を含む詩人展を開催しているところです。

ご寄贈いただき次第、すぐにでも展示させていただければと存じます。」

とのこと。早速、夫と持参しました。２００６（平成18）年８月26日のことです。


ＪＲ岡山駅から線路沿いに北へ、踏切のあるところを東へ。このあたりは戦災にも遭わず、しっとりとした町並み。左手が吉備路文学館、右手奥の古い長屋が、昔あの柴田錬三郎が岡山二中（現・操山高校）へ通うときに下宿していた家だと以前聞きました。

ここは午前中が東行き、午後が西行きの変則的な一方通行です。


吉備路文学館は、もと江戸時代の池田家の藩士の屋敷だったそうで、中国銀行が企業メセナとして運営していると聞きます。建物の周りはその時代の日本庭園が残っていて素敵です。駐車スペースは８台分くらい。

永瀬清子さんのご自宅にも近く、永瀬さんはここの設立にも尽力されたそうです。


南向きの気持のよい応接室で館長の千田さんが持参した書簡を見てくださいました。永瀬さんと知り合ったいきさつや書簡のやり取りのいきさつをご説明しました。

すると、永瀬さんは、あの宮沢賢治の詩の価値を認め、世に出した功労者だと教えてくださいました。

……永瀬さん自身の回想記によると、１９３４（昭和９）年、宮沢賢治の没後に追悼会を開くことになり、弟の清六が岩手県の花巻から持参した賢治の原稿の詰まったトランクを開けた場に居合わせました。その場に一緒にいた二十数人の中には高村光太郎、草野心平、巽聖歌らもいたそうです。清書された原稿の数々が取り出され、最後にトランクのポケットから取り出されたのが黒い表紙の小さな手帳でした。書かれていたのが「雨ニモマケズ」の詩で「その時宮沢さんの心の芯棒がまっすぐに見えた感じがした」とあります。

「ご寄贈品受領書」と備前焼のビヤマグをお礼にいただきました。

館長さんのお話によると、いろんな著名人が「私の好きな庭」を紹介するというＮＨＫの企画があったとき、銀閣寺だとか著名な庭が並ぶ中、女優の吉行和子さんが、ここの庭が好きだと言ってくださり、ロケ隊が東京から来たそうです。そのカメラマンがなんと岡山朝日高校の卒業生で、ここのすぐ横を通って通学していたのだとか。泉水はすぐそばの西川の水をポンプで引き入れているそうです。

文学館の建物の周りには、小道が作ってあってお庭の続きから1周できました。小道の向こうは西川の流れ、静かで、いい感じでした。

「来月からは薄田泣菫《すすきだきゅうきん》の展覧会があるのでその準備で忙しい」とのこと。夫が、泣菫の次女に当たる人に英語を教わったのと、倉敷市連島の生家が先ごろ市に買い取られ保存されることになったということで親しみがありますので、興味深く思いました。

泣菫が大阪の毎日新聞社に編集者として勤めているころ、芥川龍之介、谷崎潤一郎たちからもらった書簡を、お孫さんが持っていたとのことで、その巻紙に毛筆で書いた書簡を額に入れているところでした。思いがけず芥川の自筆の手紙を拝見しました。昔の手紙は皆さん達筆で毛筆ですから、額に入れても映えます。これがメールの時代になると……無理でしょうね。

それにしてもさすが館長さん、達筆の手紙をすらすらと読み下されていました。


文学館を辞去して、お食事に倉敷にもある「キャナリィ・ロウ」へ。建物の前庭も、ドアの取っ手も、内部のインテリアも、店員さんの服装も、メニューも一緒。これではせっかく岡山に来て食べる意味がなさそう……ピザとサラダバーとドリンクバーで1、380円のセット。

それから、文学づいて、後楽園の川向こうにある竹久夢二郷土美術館へ向かいました。

旭川のほとりに、後楽園の対岸にあります。ここは昔「西大寺鉄道」の後楽園駅があった跡地に建てられたものです。手前が駐車場で、15台くらい置けるでしょう。竹久夢二といえば、おばあちゃんの年代のアイドル、だから年配女性が多いかな、と思ったら、なんと、若い人が大勢いました。

「2時から絵を基にしたクイズなどのワークショップがありますからいかがですか」との呼びかけに応えて、5、6人が参加しました。10枚くらいの夢二の絵の中の1枚を1人が選び、○×式問題を残りの人が3回出し、その絵を絞り込むというゲーム。確率の問題かもしれません。私が一番楽しんだようでした。

実はこの日の新聞の地方版に、喫茶コーナーができたこと、名物のお菓子ができたと報じていたのを読んでいて興味があったので食べてみました。夢二がお客をもてなすのによく好んで出していたガリバルジというお菓子を、源吉兆庵に頼んで再現してもらったというもの。和菓子屋さんに洋菓子を頼み、しかも生産ラインがあるわけでなく手作りなので、数が作れないそうです。思ったより小さくて、ラム酒に漬けたレーズンがはさんであるビスケットという感じのお菓子です。紅茶とセットで300円。カウンターの中のシニア女性がとても感じよかったです。

蒜山に紅葉を求めて

2007（平成19）年11月3日（土）晴れ、気温14℃（現地）。有名な晴れの特異日とあって、雲ひとつなく晴れ渡っていました。この日は夫の知人の若い中国人のご夫妻のうちご主人のほうが3日後に帰国するので、日本の紅葉をお見せしようと、やっと見ごろらしいという蒜山へドライブしました。

岡山道を北へ、米子道へ入り12時6分、蒜山インターで降りました。2、800円。特産蒜山大根などたくさんの野菜を買う人でにぎわう道の駅「風の家」を横目に、まずは腹ごしらえ、と三木ヶ原を目指しました。

三木ヶ原の途中、ヒルゼン高原センターの遊園地にはたくさんのバスが駐車し、連休なのでさすがににぎわっていました。目指すのは何度か行っている「ウッドパオ」。三木ヶ原の牧場を見渡せる気持のよい景色のお店。気温14℃で、ちょっと肌寒かったので「中にしますか、外にしますか？」というレジの人の声に迷わず「中」。3、4人前のセットを頼み7、950円。サラダはお代わり自由のセルフサービス。肉やソーセージなどが次々に運ばれてきました。

ご主人の呉さんが肉を盛んに取ったりひっくり返したりと世話をしてくれるので、奥さんの李さんに「中国人の男性はよく料理をするでしょう?」と聞くと、彼は北朝鮮と国境を接する延吉出身の朝鮮族なのでほとんどしないとの答え。李さんに「結婚してからだいぶ料理ができるようになりましたか?」と聞くと、「あまりたくさんの料理は作れないけど、味噌汁とか、肉じゃがとかカレーとか」という答え。「中国人と朝鮮族の中国人が日本料理を食べているなんてね」というと、「彼は時々辛いものがほしくなってコチジャンをつけて食べることがあります。ビビンバなんかの上に乗せて食べるとおいしい」。なるほど。

食べ終えると、みやげ物コーナーではおなかを押さえると鳴くジャージー牛のぬいぐるみを発見、面白がっていました。中国酪農大学校の近くでは本物のジャージー牛も少し放牧されていたので、ここは元岡山県知事の三木行治さんが開発した場所だということ、酪農大学校がありその放牧場だということを説明しましたら、呉さんが「イギリスに似ていますね」。彼はイギリスのバーミンガムに昨年留学していたのでした。イギリスの田舎の景色を実際に見てきている人が指摘したので本当に似ているのでしょう。

次に大山《だいせん》スカイラインへ入り、目的の紅葉を見ながらドライブ。日本人の私たちは樹種のせいか、もう少し赤いのがあってもいいのに、とも思いましたが、県内では今はここしかない紅葉の名所、堪能してもらえたらよかったと思います。鬼女台《きめんだい》の展望所へ上る道は渋滞で動かず、待っているよりは歩いて上ったほうがいいと、運転の夫だけ残して坂を歩きました。呉さんは持参のビデオカメラを回したりデジカメを持ったりして盛んにそのあたりの景色やら奥さんを写していました。上る途中の景色を見て李さんは「もうここで充分」と言っていましたが、上ってみると反対側に大山と烏ヶ山が見え、すばらしい眺望で、「やっぱり上ってきてよかったでしょう？」

かわるがわる記念写真を撮りました。

また紅葉を楽しみながらスカイラインを下り、先ほど通過してきた道の駅「風の家」へ。大根を義妹にもあげようと、10本ばかり買い込み、ついでター菜や白菜、白葱など野菜類たくさん。大根は１００円ほど、白葱も１００円。安い。

それからおやつにとジャージー牛乳から作ったソフトクリームを李さんが奢ってくれ、食べながら、塩釜の冷泉を目指しました。名水１００選にも選ばれた旭川の源流の１つです。

冷泉のそばの楓が姿もよく緑のところやオレンジのところがあってとてもきれい。若い２人はここでまた撮影し合っていました。

冷泉まで行くとさすがシーズンで結構大勢の人が見物に来ていました。以前を知っているらしい人が「ずいぶん水位が下がった」と言いながら歩いていました。しかし中央部あたりから水が湧き出ている様子が見て取れ、自然の恵みのありがたさを感じました。李さんは飲んでみて冷たくておいしかったと言っていました。

ここで3時ごろになり、帰途に着きました。畑の向こうにはるかに見える蒜山に別れを告げました。ご主人の呉さんは中国へ帰国しても、日本の、蒜山のこの日の紅葉と奥さんと写真を取り合ったことをいつまでも覚えてくれていることと思います。

津山市神代　梅の里公園の梅祭り

２００８（平成20）年3月16日（日）、最高気温は19℃くらい。テレビやブログで紹介されていたので、津山市神代《こうじろ》の「梅の里公園」に行ってみたいと準備していたら、娘夫婦が「新しく10人乗りの車を買ったからどこかへ出かけよう」と渡りに船のお誘い。そこで迎えに来てもらって、婿の運転でゆったり楽チンで、11時過ぎから出かけました。

行程は倉敷インターから高速道に乗り、北房ジャンクションの分岐で右に入り院庄インターで降ります。インターを出たらすぐ左折、次いで右折してしばらく高速道路と並行して西へ、道の駅「久米の里」を過ぎてしばらく行くと左手に看板があり山のほうへ入ります。倉敷からは約92㎞、高速料金は片道2、３００円。「梅まつり」の赤いのぼりが目印でした。

山への登り道は、この日イベントがあるからか、報道されたからか、ずらーっと渋滞。私たちは運よく第2駐車場に差し掛かるところで出る車が2台ほどあったので入ることができました。そこから徒歩約5分くらい、50台～60台の車の横を通って第1駐車場へ到着。駐車場から3分くらい歩いて上った広場にはイベントのテントが張られ、模擬店だのカラオケ大会のステージだのがあって、ちょうどカラオケのトップバッターが歌い始めたところ。司会者も地元の男性らしく、地元の人の手作りイベントののどかな感じが伝わります。その前をすり抜けて、温室に入ってみると、植木の苗だの盆栽だの、ガレージセール風の不要品バザーみたいなのやらがあり、私と娘は梅と木瓜の盆栽をそれぞれ1、000円と2、000円で購入。

それからなだらかな丘の登りにかかりました。ちなみにどこにもゲートはなく入場無料。梅は白梅が五分咲き、紅梅が八分咲き位か。白梅は清楚で紅梅は華やかで、白から濃いピンクへのグラデーションで山が彩られて、見事でした。しだれ梅あり、ピンと立つ枝のものあり。おりしも3月、陽光は暖かく風もほとんどなく、南向きの斜面はのどかそのもの。草の上に腰を下ろしてお弁当を広げる組も沢山ありました。私たちも途中のうどん店で食べていかずにお弁当にすればよかった、と思いました。山頂には展望台があり、目の前にまた中くらいの色彩のピンクの梅が真っ盛り。手を伸ばして香りをかぐ人もいました。

また、展望台のそばには蔵屋敷風のトイレも完備されていて、年配の人も安心です。下りかけると、斜面に寝ころんで横文字の本を読んでいる外国人女性の姿も。なるほど、こんなに穏やかでのどかな屋外での読書もまたいいものだなあと教えられた思い。

ゆっくりと土の道を下って、先ほどの温室で取り置いてもらっていた盆栽を受け取り、模擬店で「お菓子つきで100円」のインスタントコーヒーを飲みました。梅の小紋柄の作務衣のような上っ張りとおそろいの三角巾の地元女性たち、張り切っていました。地域おこしにいい感じです。

帰りは2時ごろでしたが、それでもまだ渋滞して駐車場入りを待つ車の列を横目に、歩いて下りました。

そして帰り道、何か珍しいものでも、と、道の駅「久米の里」へ寄りました。すると、「ガンダム」のモビルスーツが屋根つきで展示されていました。元自動車メーカーに勤める技術者が設計図を引き7年もかけてコツコツと作ったものを寄附したそうです。以前ニュースで見たことはあったものの、「ここなんだわ」、と、さすがに大きいなーと感心。高さ7m。他の人も皆記念撮影をしていました。

その脇には、体力測定を兼ねたアスレチック器具が設置してあり、体の柔軟性を計る、前屈何㎝?という目盛りのついた器具やら、垂直とび何㎝かわかるような器具、馬とびができる器具、など、結構楽しみました。

次いで食堂には「ご当地アイス」があったので、梅が売り切れとあって、「ジャンピー」。何かと思えばジャンボピーマン。これは珍しいかも。特にピーマンの香りと言うわけでもなかったですが、ものめずらしさからいただきました。カロテンが一杯かも。２００円。

楽しく遊んで婿の運転でまた帰りました。おかげさまで楽に往復できて、楽しいお出かけとなりました。

津山　鶴山公園でお花見

２００８（平成20）年4月5日（土）、予想最高気温は19℃。全国的なお花見日和とあって、前の日から「どこへ行こう」と相談し、夫の行きたい津山へ行くことに。

行程は約92㎞、高速料金は倉敷から院庄インターまでで片道2、３００円。珍しく早めの9時過ぎ頃出発。途中の山も所々桜の花で彩られているのを見ながらのドライブ。

津山の城跡が見える場所まで行くと、わー、桜がいっぱい。桜の時期に来たことがなかったもので、予想以上に興奮しました。ガードマンの誘導にしたがって有料駐車場に止め、お城の入り口へ。石垣の下のほうから露店がたくさん出ていました。

入場（入城か？）料金は大人２１０円。ゲートには「さくらまつり実行委員会」のジャケットを着た係員がいて半券もぎをしていました。

そして、お城の石垣のそばに桜、桜、桜、きれい、それもまだ満開ではなくて、7分くらい？　下がった枝は顔すれすれの低いところまであって、目の前で桜を楽しめます。幹の太いものは歴史を感じさせます。枝垂桜などはまだつぼみのものも。

二の丸の入り口付近に給食センターが出していたお店に各種お弁当があったので、おかずの種類も一杯で楽しめるものを選んでお花見弁当1、000円を買いました。歩いてみると、敷物ですでにずいぶん場所取りされていました。

私たちもお弁当をぶら下げて上のほうまで行くよりもと、景色のよさそうな場所を選んで腰を下ろしました。目の下に桜。お城の石垣の端に寄ると、その下は菜の花が一杯の場所で、黄色と薄ピンクの桜をめでながら、まだ11時ごろというのにあまりの気持よさについついお弁当を食べました。幸い周囲は静かにお弁当を広げる家族連れやお年寄りのグループなどで、会社の団体や若い人の焼肉を囲んでのどんちゃん騒ぎがなくてほっとしました。桜に焼肉は似合わないと思うので。

「ゴミは持ち帰ってください」との立て看板があり、大きなポリ袋と火バサミを持ったゴミ拾いのボランティアもあちこちに活動しているため清潔感があり、それもよかった。私たちもお弁当ガラをぶら下げたまま城内を散歩しました。北側の木々はまだまだこれからのつぼみのものも多く、来週来ても楽しめそう。花吹雪状態もなかなかいいものです。

裏まで回って再び上のほうにあがり、無料とのことだったので、2005（平成17）年に築城400年を記念して復元されたという備中櫓《びっちゅうやぐら》の建物内を見学しました。武家の建物らしく、木組みなどが頑丈で豪壮な感じ。豪壮な中にも奥の御殿としての豪華さもあるしつらえになっていました。

そこを出て、藤棚を見ると、以前真夏に来たときとは完全に違い、きれいに棚もその下の地面も整備されており、藤棚の下に規則的に配置されている洋風のベンチが、石垣のすぐ上なので、絶景。今度夏に来ても涼しくてよさそう。

二の丸から下へと降りていくと、腹に響くような太鼓の演奏のイベントがあるところで、ステージ後ろに当たる石段に大勢腰を下ろして見物していました。小学生から大人まで、元気一杯の迫力ある演奏、お城というお似合いの場所でもあり、広い場所に響き渡っていて気持ちがよい物でした。

石垣の下の桜並木

出口近くなってから暖かくもありソフトクリームを買って食べました。季節ものの桜ソフト。ちょっと酸味もある桜色でした。

ゲートを出た所に、「津山城跡に桜を植えた人　福井純一」という説明板を発見。1900(明治33)年、公園として県から津山町へ払い下げられたのを機に、桜を植え続けた人だそうです。お城跡に桜なんて、と最初は揶揄されながらも私財を投じて桜を植え続けたとのこと。この人なくしては今の桜の名所は生まれていなかったということか、と感動しました。

岡山県立森林公園の春

２００８（平成20）年5月4日（日）、4月末に開園したばかりの県立森林公園へ行ってきました。

院庄インターからは飲食店もお弁当を買えるところもないので、高速道路へ入る前にはお弁当を調達しておくこと。コンビニでお茶とおにぎりを購入。

倉敷インターから岡山道へ。連休とあって総社から高梁ＳＡの前後では渋滞でのろのろ運転、院庄インターまで2、３００円。院庄インターから約30㎞近いので到着はかなり遅れ、12時半ごろ。

駐車場は山道でもあり下のほうからいくつかあります。連休なのでどこも満車、園内入り口に近いところにはかなりの路上駐車がありました。

まずは管理棟でトイレを済ませ、入り口に掲示してあった今咲いている花の写真を図鑑代わりにデジカメに収めました。失敗したのは、ここで園内の簡単な地図をもらって来れば良かったということ。地図なしでは大変歩きにくかったのです。

園内に入ってすぐ左手奥の「まゆみ園地」のまゆみの老木の下にベンチが空いていたので、

早速そこでおにぎりを食べました。そこここに家族連れなどがお弁当を広げていて、ペットの犬も一緒というのが3組くらい。中にはいかにも太りすぎのメタボ犬もいました。

腹ごしらえで元気が出て、いざ。今回は出遅れもあり、県境の尾根道の縦走も、見晴らしの良い北展望台へ登ることもせず、「おたからこう湿原」へは行ってみたかったのですがそこも行けず、ほんの近辺だけを回ってきました。

最初に見つけたのは、特徴的な菊のような形の可憐な白い花でたぶんキンポウゲ科のキクザキイチゲ。ユリ科のショウジョウバカマらしい花も多数見かけました。

夫が「ザゼンソウがある！」と1つだけ咲いているのを見つけて言うので、「まだひとつじゃない、もっともっと咲いてるから上のほうに行こう」と言っていると、お弁当の晩柑をむいていたそばのベンチの人が「たくさん上のほうにはありますか？」。以前行ったおたからこう湿原にはそこここにたくさん咲いていたという記憶があるので、「あります、あります」と言ってどんどん上へと歩きましたが、今回はその湿原の位置がどうもはっきりわからず、手近で折り返しました。

ザゼンソウはここが冬を越して開園したときのニュース映像でも取り上げられていた、象徴的な春の花でもあります。地面からひょっこりと伸びて座禅をしているお坊さんみたいなユニークな形と色。決して美しいという花ではありませんが、ここならでは。道沿いにも多数生えていて、中の芯の部分までうまく写せるアングルに咲いている花の近くには、カメラを構えた人がつけたと思われる丸いくぼみが湿地に残っていました。

向こうから来る人に意識的に大きな声で「こんにちは！」と挨拶すると、向こうもつられて少々戸惑いながらも「こんにちは」と挨拶を返してくれました。これは高校時代に大山登山をして、登山中の人から挨拶され、山のマナーだと知って以来のもの。

流れる水は上流に民家もないので澄み切っています。湿地の脇を流れる小川はまさに「春の小川」の歌のイメージそのもの。スミレやレンゲではなくここではそばにキンポウゲ科のリュウキンカや、ミズバショウ（昭和

小川が流れる森林公園の様子

50年に人の手で植えられたもののとのこと）が生えています。

からまつ園地の脇の小川のそばでは、家族連れがピクニック。カラマツは本当にいかにも針葉樹、枝が直線的に鋭く空に向かって伸びています。その中に、幹がぐにゃりと横に曲がっているのにそこからまっすぐに枝が上に向いて伸びている木を見かけ、逆境に耐えて伸びるけなげな姿に感動。

２時半過ぎに帰途に着きました。沿道には山桜や桃の花が見られ、まさにここは遅れた春が来ているのでした。

早島のウォーキングコース「不老のみち」を歩く

２００９（平成21）年1月10日（土）、県北のほうは積雪がだいぶあったという、非常に寒い日でしたが、見つけたウォーキングコースのサイトのマップをプリントアウトして出かけました。

出発は早島の中央公民館から。印刷した地図を職員の人に見せて確認を取ろうとしたら、とても説明しづらい地図だったようで、もっと詳しい地図は？と聞くと、２つばかりのパンフレットを下さいました。見比べてみるとそのうちの一つのほうがずっと見やすかったのでそちらを持って歩く事にしました。

歩き始めるとすぐに茶色の道案内表示があることに気付きました。「不老のみち」、歩いていると老化防止になるよ、という事なのでしょう。以後、その表示を探して歩くと楽でした。

最初に出会ったのは土塀のお屋敷。そこの土塀に沿って神社がある、というので夫が行ってみようとしたら、ひなびた神社だったのですが、お屋敷の高い土塀はずっと続いていて、敷地がどこまであるのやらわからないくらい広いのに驚かされました。同じ道を下ってくると、土塀の切れ目のところに門屋がありました。観光名所ではないのですが、すごい面積のお屋敷でした。

有名で何度か行った事のある「いかしの舎《や》」の前を通り、しばらく歩道に沿っていき、左に折れたところに、この地の領主であった戸川家の記念館。あいにく開館は日曜祝日だけとあり、土曜日のこの日は閉じていて残念でした。そのあたり一帯が戸川の屋敷の敷地だったらしく、古い井戸の遺構やら、石碑やら、門前の石橋やらがあり、案内板もありました。敷地の一部は小学校の職員駐車場になっていました。

小学校の敷地の外側に沿って左へ折れ、幅３ｍくらいの細い道が続きます。古い建物や土塀などの風情が楽しめました。

コースからは少し外れるのですが、道の奥に見えた千光寺の境内にも上がってみました。その石段の傾斜の緩やかな事。これなら年取っても上がれるわ、と思えるほどのなだらかな傾斜。牛の切り紙細工を山門や本堂や庫裏の入り口に貼っていて、これはお飾りの代わりか魔除けでしょうか？

千光寺から出てまた東へと曲がると、石柱を連ねたような塀があり、そこは町内唯一の明治の洋館だという建物でした。元は眼科医院だそうで、人が住んでいるように見えたので外観だけ拝見。

またしばらく行くと、金比羅参りのコースでもあった事を示す石灯籠と、道しるべの石碑がありました。昔は吉備津から早島、藤戸を経て由加山へお参りしてから金比羅へ参詣していたことを示すものでした。

そこからは一端南北に走る広い通りを横切って続くのでしたが、あれ、道案内の掲示は?と見ると、なにやらその掲示の上から太いパイプのようなものが2本かぶさっていて見えにくい……これはひどい。

そこからはるか上のほうに安養院というお寺が見えたので、急な石段を登って、また別の石段を降りて……そこからは左手の山を登っていったら、石見銀山開発の功労者という安原備中守の供養塔というのがありました。そのあたりがこのコースの東の端。山に沿って西へと帰ってきます。ところが、夫がトイレに行きたくなったのです。山沿いの住宅地の事、公共の建物とかも見当たらず、仕方なく「いかしの舎」へ引き返すハメになりました。ウォーキングコースの整備には、ところどころにトイレの配備も必要では、と思います。

「いかしの舎」でトイレのお世話になり、せっかくなので喫茶室でお庭を見ながらしばしコーヒーブレイク。気分を変えてまた、歩き残した早島公園方面へ行ってみました。早島公園のちょっと手前、国鉾神社の鳥居の横には、ちゃんと立派なトイレがあり、これはつつじの名所らしいので、シーズンには観光客向けにあるのかも、と思われました。また、桜の名所で有名な早島公園でしたが、さすがにこの寒い時期はご夫婦の散歩に出会っただけでした。山茶花が咲く道を行き、赤い鳥居の「奥の院」を過ぎると、広場に出ました。小高い場所なので児島湾の向こう側の常山あたりまでよく見え、それはよかったのですが、景色の説明板をと見ると、これはひどい汚れよう。説明図がさっぱり見えなかったのが残念でした。桜の頃まではきっときれいになるのでしょう。

公園の山から下りると、あとはほぼ前に通った道と同じでした。

帰途、幼稚園、地域福祉センターの横を通り中央公民館まで歩きましたが、幼稚園の建物の立派さや敷地の広さには驚きました。また福祉センターでデイサービスなどが行われている様子を車の出入りなどから知るにつけ、この町の手厚い住民サービスがうかがわれ、どこにも合併しないで独自の路線を走るこの町が好ましく思われました。

美星町の「星の郷青空市」へ

２００９（平成21）年5月10日（日）、岡山ではこの日30℃くらいになったのだとか。また美星町の青空市に行ってみようと、ちょっと遅めでしたが出発。高梁川を渡り真備町を過ぎ、矢掛へ。川沿いを走っていると、なにやら川底を探しているような人が１人、２人。発泡スチロールの容器を船のように浮かべて。しじみ取りかしらん。

山道に差し掛かると、青葉がまぶしいほどの新緑。長い山道を上りながら、美星はまるでシャングリラのように山の上の平和な村だなといつも思います。これで4回目くらいの道なので、「中世夢が原」手前を左に折れ、診療所や小学校の横を通り、めざす青空市へ。

青空市とはいえ、前回までは未舗装の駐車場だったのが立派に舗装され、建物も増築されて、そば打ち道場、地元のジーンズ製品の展示、それに徳山牧場直営と言うジェラートのお店が出来ていました。ここは地域おこしに大成功した例ではないかと思います。

２、３人のガードマンさんが交通整理しているほどに車も一杯。

昼だったのでまずは腹ごしらえ、と脇の食堂へ。青空市のテント近くにもうどんやそばなどの軽食があったのですが、こちらの定食もお薦めなのです。しかし日曜の昼時とあって、待ち人多数。３組目くらいにカウンター席に案内されましたが、20分くらいそれから待ちました。注文は「野菜一杯ランチ」８００円。ミネストローネと、里芋コロッケ、青菜のお浸し、漬物、ご飯。コロッケは芋の甘みなのかほのかに甘くてクリーミー、ミネストローネも出盛りのグリーンアスパラも入っていてとてもおいしかったです。

さて、と青空市へ行くと、果たしてというか当然というか、野菜は売り切れ多数……しかし、地元産のたけのこやら菜っ葉、お花、などなど。それに、餡ころ餅やら草餅、おはぎ、黒糖まんじゅうなどなどの製品やら、建物内にはここ特産のプリンやヨーグルト、アイスクリーム、肉類。野菜ばかりでなくそれら乳製品などの種類が豊富なのが魅力。ベーコンなんかも煮込みにはとーってもおいしい。

うっかり発泡スチロールの容器を忘れたのですが、真夏ではないのと肉の量が少なめだったため、そばの氷の容器からポリ袋に少し氷をもらって、肉と一緒に新聞紙を何重にかしてくるんで帰ったら大丈夫でした。

別棟にパン工房やらハウスにはお花の苗も販売しています。今回はペチュニアとマリーゴールドの苗を持ってレジに行ったら、マリーゴールドは12個くらいのトレー全部がセット販売と言うので、私には多すぎて断念。

気になっていたジェラート屋さんへ入ってみると、徳山牧場直営店、だそうで家族経営とのこと、2009（平成21）年4月4日開店だそうです。まずレジで300円のカップか同じく300円のコーンか、350円のコーンダブルサイズかを選択してプラスティックの札をもらい、それを隣のジェラートをよそってくれるお兄さんに渡して種類を選んで注文するというやり方でした。いちご、チョコ、ミルク、ラムレーズン、ミント、抹茶、黒ごま、珍しいのがほうじ茶。

店内は板張り。テーブルと椅子席もあります。ちょうどこの日は27、8度くらいのジェラートには最適の気温でおいしくいただきました。欲を言えば、後でべたべたするのでお水が欲しい。せめてウォータークーラーでも置いていてくれたらなあ。店を出るとそこの広く取ってある軒下のベンチでもジェラートをなめている人が数人いました。

さて、これで青空市はおしまいで帰途に着いたのですが、この美星町からの帰り道が、秋の紅葉のころに通ってそれはそれは美しかったのですが、新緑のこの時分もお薦めです。人家が多いところでは早苗の田んぼがすがすがしく、山道に差し掛かると、楓の青葉や木々に絡まる山藤の薄紫が所々に彩を添え、行き交う車も少なく、気持ちのいいこと。途中に鬼ケ嶽温泉というひなびた温泉があったり、通過しましたが滝があったりするようでした。総社の美袋《みなぎ》方面と矢掛方面への分岐から矢掛方面へ、そして総社の新本《しんぽん》あたりへと帰ってきましたが、「日本の原風景」とでもいうようなお薦めの風景が広がっていました。

早島の「不老のみち」西回りコースで高梁川の氾濫絵図に出会う

２０１０（平成22）年1月17日、1年前には東回りコースを歩いたので、今回は西回りコースを歩いてみることにしました。1年前と同じように、中央公民館の駐車場に車を置かせてもらい、そこで詳しい地図をいただいて出発。時刻は11時過ぎでした。

1年前に歩いたときにあった茶色の標識を頼りに歩くつもりでしたが……こちらのコースは標識があまりというかほとんどなくて、３度も道を間違えました。狭い範囲なのでそれもまたよし、かもしれませんが。

公民館から舟本荒神社を左に見てしばらく平らな道をまっすぐ西へ歩くと、小さな丘があり、そこをぐるりと回りこむと汐入川に突き当たりました。川に沿って歩いていると、右手に鶴崎神社の参道がありました。そちらへ進みます。道沿いにはこのコース全体で土塀に囲まれた大きな屋敷が数多く見られました。早島は藺草《いぐさ》栽培が盛んで畳表の製造販売で財を成した家が多かったせいでしょう。

鶴崎神社を左に見てしばらく歩くと、一対の畳表問屋奉納石燈籠が見えてきました。大きくて立派な燈籠です。安政の頃に建てられたもののようです。

倉敷繊維加工の工場を左に見て小さなスーパーに突き当たると左へ行きます。地図の北になるほうを上にしていなくて読み間違えで右にしばらく歩いてしまい、引き返しました。

するとと地図上では「西の起点」となっている天満宮の参道入り口の地図の掲示板がありました。でもここらあたりまで本当に案内標識がなくて少し不安でした。

本当は天満宮のところの掲示板を少し過ぎたところですぐに左折だったのですが、まっすぐに行ってしまい、いい風景だなあと歩いていると山に突き当たり、左折。

山に沿っていくと、標識があったので安心していくと、左に見えるはずのお寺が右手に見えてきて、あれ？　風情のある石垣の切りとおしを過ぎると国道2号線が見えてきました。あれ？　右手の山道に行くと、さっきのお寺の境内へと続いていました。ここではじめて道を間違えたことに気付き、あらら。

庫裏のところでお寺の名前「薬師院」を確認し、山門から下って行きました。幼い姉妹がこちらへ向かって走ってきながら「こんにちは」というので、「あら、ご挨拶できておりこうさんね」というと、妹らしいのがすかさず「こんにちは」。そして三番目の子らしい赤ちゃんを抱っこしたお父さんも「こんにちは」。

山を降りていくとちょうどお昼になったので、豪商の寺山家を改造した「いかしの舎」で昼食を取ることにしました。店内は吹き抜けの高い天井、昔の立派な食器棚を置いた和の空間です。広く取ったガラス窓から立派なお庭が見渡せる席。夫はアナゴ重の定食1、200円（コーヒーか紅茶つき）、私はロコモコランチプレート1、200円（ハンバーグ、ソーセージ、生みたて卵の目玉焼き、サラダ、スープ、デザート、コーヒー)。カップのスープもとてもおいしかったし、ハンバーグのお肉やソーセージは美咲町の「まきばの館」というところから来ている産直だそうで、これまたよかったです。

デザートがつくというので期待していたら、カップのままのまきばの館のヨーグルト。こくがあっておいしかったのですが、カップからじかに食べるのはメーカーがわかるのはいいけれどもうちょっとおしゃれに演出してくれたらと思いました。

「いかしの舎」を出て次に向かったのは、このあたり一帯を治めていた戸川家陣屋跡とその一角に建っている戸川家記念館。日曜・祝日のみ開館。管理人の80年配の男性がたまたま女子駅伝の中継をラジオで聞いておられて「岡山は今何位ですか?」と話しかけたのがきっかけで説明をしていただくことが出来ました。

展示品は点数は少ないながら、興味深いものがいくつかありました。

大坂城のお堀の工事の請負分担図のようなものがあり、戸川家は図の下のほうの外堀を受け持ったことをライトで照らして教えていただきました。戦場での戸川家の馬印やら甲冑、天井にはかつてこの敷地北側にあった明神様ののぼりが飾られてありました。

中央の平面のガラスケースの中には、嘉永3(1850)年にあった高梁川の氾濫による大洪水の様子を描いた縦1m、幅3mくらいの詳細な絵図があり、大変興味を惹かれました。

それには左側に2ヵ所の決壊箇所が示され、正面上のほうに阿智神社の赤い鳥居のある鶴形山、北は大島、福島、羽島村、南は四軒屋、吉岡などの地名が見え、東は岡山市の撫川あたりまでの広範囲にわたる大災害であったことが見て取れます。自分の生活している範囲にこんな災害があったとは、と驚いて拝見しました。

戸川家の敷地の一部にあった石橋は、今は早島小学校の職員駐車場の入り口になっています。先ほど食事をした「いかしの舎」の南口を通り、町立幼稚園の立派な建物に、早島町の教育施設は本当に充実しているようで感心しながらゴールの中央公民館に到着。お昼が結構たっぷりかかったので、ここで午後2時過ぎ、実質2時間ちょっとの歩きでした。

鬼《き》ノ《の》城《じょう》に登り古代ロマンに浸る

2010（平成22）年5月2日（日）、快晴。総社市の鬼ノ城へ出かけました。リュック持参、途中のコンビニでおにぎりとお茶を調達。

道路の案内もしっかりあるので安心してふもとの砂川公園へ。ここはキャンプサイトが充実していて、おりしもゴールデンウイークの最中なので大勢の人が焼肉など野外炊事をしておりとても楽しそう。

鬼ノ城への道は狭くてシャトルバスが運行しているはず、とのことだったのですが実はバスではなくタクシーだったようで、場所を見逃し、マイカーで山登りにかかりました。途中カーブもきつく、道も1台がやっとのところもたびたびあり、ひやひやする道です。

到着すると駐車場は満車に近かったものの、なんとかスペースを見つけてほっ。

駐車場の入り口よりは少し下手になるのですが、ビジターセンターの建物があります。私達はここを素通りして山登りにかかったのですが、皆様にはぜひともこのビジターセンターで事前に山の立体模型や歴史を知ってから登られることをお勧めしておきます。ビデオ映像もあり、またガイドさんもいらっしゃるので、よくわかります。また特に山にはトイレがありませんので、済ませておいてくださいね。

山の登り口には、杖の置き場があり、さまざまな手作り杖が置いてありました。杖、大丈夫と思ってもぜひお持ちになったほうがいいです。急なところやごろごろしたところが多数あり、あるととても助かりますので。膝の負担がずいぶん楽になります。

また、ポストのような木箱の中に案内パンフレットが用意されていますので、もらっていくとよくわかってよいと思います。

さて、旧道は直登コースのひび割れたコンクリートの道でしたが、近年蛇行したゆるやかな遊歩道も出来ており、私達は昔の直登コースを選んで登って行くと、最初に見えるのは「角楼」。版築工法により突き固められた赤土の層が見える壁で作られた広場。この方面が一番なだらかで攻め込まれやすい地形なので大勢の兵士がこの上に上がれるようになっているのだそうです。右手に学習広場というデッキが出来ており、はるかに復元された西門を望むことが出来ます。ここで古代山城の壮大さを最初に見ることが出来ます。

何と言っても最大の見せ場は、復元された西門です。急な山肌の上に威容を誇る建物。礎石がしっかり残っていて、柱の間隔や太さ、埋め込まれた深さなどよくわかるので上の建物が復元できたようです。復元されたものを見ると、なんとまあ古代にこんな場所にと思いが募ります。また、その門の建物からずっと山を鉢巻状に取り囲む石畳がすごい。崩れるのを防ぐために2段構えで築いたものだそうですが、その巾、長さ、わずかに内側に傾斜した設計など、以前はそのごろごろした石の道を何も知らずに歩いていたのですが、発掘されてみると、こういうことだったのね、とわからせてもらいました。

また、何ヵ所かにある水門、内部にいくらかの水を蓄え、余ったものは水路を造って排出するように設計されているあたりもまたすごいことです。

そして、見晴らしのよい、高い高い崖、と思ったらその基部のところには石垣が。いったいこんなに高い場所まで石垣を組む技術は、と絶句しそうです。風がまともに吹き付ける高い崖から見下ろす吉備路の平野部のなんと平和で美しいこと。桃太郎の鬼退治のモデルになったと言われる温羅《うら》の血を吸ったとかいう血吸川のせせらぎの音がこの場所からは聞こえます。ウグイスの鳴き声も時折聞こえるのどかな自然一杯の場所。

絶景を見ながらのお弁当タイム、吹く風にお弁当ガラを飛ばされてあわてたら、通りかかった子供連れの親が「拾ってあげなさい」と言ってくれて子供２人が拾ってくれて助かりました。

「こんにちは」と行きかう人に挨拶をしながらの山歩き、なかなか楽しいものでした。

吉備津神社

寒さもとりわけ厳しい2011（平成23）年1月30日（日）、気が向いて吉備津神社を訪ねてみました。

もう初詣も一段落したことだし、すいているだろう、という予想に反して、駐車場は満車状態、え～？と驚きました。露店も出ていたし、門前の商店の呼び込みも活発。

本殿への正規の道筋の石段は、なかなか急な「直登」コースでした。たどり着いて仰ぎ見る本殿のしめ縄も太いし立派。

この本殿は横から眺めないと。昔習った日本美術史で、「千鳥の破風」というのが独特のつくりだと言われていたのをかすかに覚えています。パンフレットによると、これは応永32（1425）年に、25年の歳月を費やして再建されたものだそうです。1425年といえば、室町時代。神社建築では日本屈指の壮大なもので、その特異な作りから「吉備津造り」と言われているそうです。国宝です。

続いて本殿脇の回廊を下りていきました。この回廊は天正6（1578）年に再建されたそうです。天正といえば安土桃山時代。両側の柱の間には、寄進者の名を記した木札がずらりと貼りつけられていて、風化したものも。自分らにご縁のある地名だとか名前を探してみるのもまた興味深いものがありました。

回廊から向かって右手奥に、上田秋成の「吉備津の釜」にも出てくる「鳴る釜の神事」を執り行う「お釜殿」があります。私は小学生のころ、講談社の『少年少女世界文学全集』の中の雨月物語の「吉備津の釜」の話を読んで、ことりとも音を立てない釜からその後の凶事の展開を予想される場面、そして最後のところでの怖さといったら、未だに忘れられません。また、先日のNHK岡山制作の番組「おかやまはじめて物語」で、女優の浅野温子さんが1人読み語りの舞台を見せていました。同番組でここを訪ねて、鳴る釜の神事を拝見していたのを見ました。私たちが行ったこの日も、その時に出ていた白衣の女性2人がやはり一団のお客の前で神事を行っていたようです。

「お釜殿」の先には、弓道場や、和歌に詠まれる地名「歌枕」になっている「吉備の中山」や「細谷川」があります。

「真金吹く吉備の中山帯にせる細谷川の音のさやけさ」（古今和歌集）

この日は非常に寒い日で最高気温4℃ほど、足を延ばして牛の鼻ぐりを供える福田海《ふくでんかい》やら吉備津彦神社へもウォーキングしようかとの計画もどこへやら、さっさと車へ退散。帰途につきました。

お昼前で食べるところを探しながら走っていると、信号待ちをした右手に、ピンクの地に白抜き文字で「自然食材　おはな」というやさしい文字の看板。体にいいものを食べさせてくれそうと、入ってみることにしました。

店内は思いのほかきれいで広くてシックな感じ。カウンター席が８つくらいと、テーブルが８つくらい、電車のボックス席みたいな感じで、ゆったりしていました。

常連客らしい人とオーナーらしい女性との会話では、「今朝来たけど閉まっていたねえ」「お弁当１２０食も頼まれて、テーブル中に並べて作っていたんですよ。もし来られてもエプロンを渡して『はい、手伝って』になったと思うわ」などということで、１２０食ものお弁当を頼まれるなら、きっとおいしいと信頼されているのでしょう。

入った時はがらんとしていた店内も、すぐにお客が次々と入って７割くらいの混み具合に。日替わりランチが肉または魚で８５０円、わが家はこの日は豚肉の夕食にする予定だったので、お魚を。

来るまでの間に、入り口に展示してあった手作りガラス工房の作品の中からピッチャーと、豆とか古代米、豆類、大根などが置いてあったので、古代米の赤米を買いました。ピッチャーが１、０００円、赤米が３００円。ガラス製品は、「社会福祉法人浦安荘　うらやすガラス幸房」の作品だそうです。

運ばれたお膳は、手前はひじき、卵焼き、白和え、ポテトサラダ。どれもとてもおいしい。メインはさわらでした。味噌漬けとの説明書きが表にあったようですが、ほんの少しカレー粉が入ってスパイシーな、変わったお味。それに左上はキャベツとトマトときゅうりのサラダ、お漬物、右下はお味噌汁、おだしがたぶんちゃんととってあるのでしょう、おいしかった。それから右上隅のはトマトをミキサーで砕いてスープにして、ゼラチンで固めてあるそうでした。どれも本当においしいし量もよかったです。

店に入った時にカウンターの上に盛り上げてあった物がコーヒーとともに出され、おからのドーナッツだそうです。おいしかった。夫には紅茶を注文していたのにコーヒーが来たのでそういうと、ちゃんと紅茶を入れなおしてきてくれて申し訳なかったです。

いいお店でした。

中国地方篇

じゃじゃ馬の運転するインプレッサで足立美術館へ

2006（平成18）年5月29日、車好きな娘が、たまたま孫を婿さんが連れて出て1人なので、かねて行ってみたかった島根県安来市の「足立美術館へ行かない？」と誘うので、夫婦一緒に乗せてもらって出かけました。

……すると、途中有名な外国産スポーツカーが数台集まったパーキングエリアがあり、趣味の走行会でもやっているのかも……。

お尻の丸いのはポルシェ？　娘の知り合いの車好きには無類のポルシェ好きがいるそうです。

負けず嫌いというか、車好きの闘争心に火がついた⁇

フェラーリに追いつき追い越しました。続いてポルシェに接近、トンネルで突き放されましたけど、その前に助手席の旦那様が悲鳴をあげ、「やめぃ‼」……車より先に旦那様の頭のほうが壊れそうになったみたいです。

娘の自慢の愛車は、スバルインプレッサです。知る人ぞ知るすごい車だそうです。素人目にはそれほどとも見えないですけどね。

観光シーズンのせいか、蒜山サービスエリアは人が一杯。でも蒜山や大山は雲に隠れて見えませんでした。ここで休憩。なんと倉敷インターから蒜山SAまでが50分でした。

すっかり懲りた旦那様はその後後部座席に移ってきました。

足立美術館のエントランスホールに来ました。娘がここのホームページからの割引券をプリントアウトしてくれていたので、2、200円のところ2、000円でした。にしても、庭園の管理料が含まれるのか、高いですね。

美術品の写真撮影は当然禁止だろうからとカメラをしまいかけると、なんと庭園のほうは撮影可。

この美術館を創設した足立全康氏の立派な体格の銅像が「さあいらっしゃい、どうぞ」と言っています。この庭園は、アメリカの日本庭園専門誌に3年連続（2021年には18年連続）日本一すばらしいと折り紙を付けられたそうで、そのモニュメントが隣にありました。ちなみに日本第2位は桂離宮だそうです。

低反射ガラスを使っているそうで、ガラス越しにすばらしく手入れされた日本庭園を楽しみました。

池を望む喫茶室「大観」でお昼にしました。カレーとパスタしかないのですけど、この景色の中で食べたかったものですから。カレーはビーフとポーク、パスタはたらこ、なすとひき肉、きのこがあり、飲み物とセットで1、365円。ほかにあんみつとかぜんざいなども。

食べていると私のすぐ後ろにあたるテーブルに外国人4人ほどを案内して日本人夫妻らしい人が席を取りました。英語交じりの会話で、ぜんざいのことを「ビーンズスープ?」、お餅のことは「ライス」と説明するので、ついそっちに耳が行き、「ライスじゃなくてライスケーキでしょ!」と心の中で突っ込みを入れていました。そして、ぜんざいで連想してつい「中国でマッサージしてくれていたときに出てきたのが甘くないぜんざいみたいなのだったね」と夫と言うと、私と対面していた娘が、「お母さんがあの人たちの話に聞き耳立てていたのがわかって向こうは苦笑いしていたよ」と言われ赤面。

そのうちその中の外国人の恰幅のいい人が立っていこうとして、美術館の半券がポケットから落ちたので、拾っていって「You lost this one.」と言ったら通じたのでよかった(赤面物ですね)。

ガラス窓の枠越しに見ると、まるで一枚の絵のように見えるように演出されています。ここの手前にも、窓枠が額縁になっていて風景画のように見えるところと、衝立の絵にあたる部分が穴があけられていて向こうの景色が絵柄になるようになったのがありますが、こちらは掛け軸に見立てて後ろの景色を楽しんでもらおうという演出です。

以前一度来たときはこの掛け軸の位置が今回とは違ったようにも思いましたが。よほどこの庭園の管理に自信がないとこのような演出はできないことだろうと思います。はるか向こうの山から落ちている滝は、開園何周年目かに記念に作った人工の滝だそうです。

美術品のほうは写真が撮れませんでしたが、ここは横山大観のコレクションで知られているそうです。創立者の足立全康氏が大観にほれ込み蒐集に務めたためです。また、この日は北大路盧山人の特別展があり、焼き物のほかにテーブルセッティングの見本などもありました。

それから、絵の展示の横にその作者の絵に対する思いが書かれていて、それがとてもよかったねと娘と言い合いました。また、同じ榊原紫峰の絵でも31歳で描いた絵は写実的で「よく本物みたいにきれいにかけているなあ」という感想のあじさいの絵でしたが、52歳だったかに描かれた小鳥の絵には、画家が経てきた人生の軌跡が現れているようで、小鳥に愛情を持って描かれているのが見て取れ、そのことに深く心を動かされました。

じゃじゃ馬娘のおかげで、私と夫では到底行けないような時間で行けたため、ゆっくりと絵や庭園を鑑賞できて、その点は感謝した1日でした。しかしそれにしても、普段の夫の車に比べクッションの悪いスポーツカー、すごいスピードで乗っていることにはくたびれました。

松江　観光船、お城、小泉八雲記念館と旧居

２００７（平成19）年４月30日（月）、三連休の最終日のこの日、朝９時15分ごろ出発。倉敷インターから山陽道、岡山道、米子道と高速道路へ乗り、米子インターで３、４００円。途中大山がくっきり見えました。11時40分ごろ松江城近くの駐車場に到着。連休なので入場30分待ちとのことでしたが、10分くらいで入れました。

堀川めぐりの観光船に乗る予定だったのですが、45分から50分くらいかかるそうなので、まずは腹ごしらえ。近くのホテル、サンラポーむらくもの１階レストランへ。「お城御膳」出雲そばと魚の西京漬け、シジミ汁などついて９４５円はお手ごろ。夫は天ぷらのつく「むらくも御膳」１、０５０円。出雲そばはとても歯ごたえがしっかりしていてびっくり。

船に乗る前に観光物産館でお土産の下見。和紙、美しい色糸でかがった手まり、焼き物、あごちくわ、和菓子などどこか懐かしい品が一杯。私はメノウ細工のアクセサリーにも目が行きました。

堀川めぐりの観光船は、大人1、200円（当時）。へさき部分に靴を脱いでじゅうたんの上へ。船頭さんの話によると、連休中は40隻がフル稼働だそうです。エンジン付きの船ですが、それほどエンジン音も気になるほどの大きさでなく、ゆっくりとお堀を進みました。八雲旧宅などの横を抜け、左手にお城の続きの原生林を通り、亀がたくさん甲羅干しをしていました。住宅地近くではマイクの音を自粛して静かに通り過ぎます。16の橋の下を潜り抜けるそうですが、そのうちいくつかはとても橋げたが低いため、なんと船の日よけの屋根がぐぐーっと前に倒れてきて、乗客も「伏せ」の姿勢で通るところが何ヵ所もあり、ちょっとしたアドベンチャー気分でした。特に1ヵ所は左右の壁も船の幅ぎりぎり、逆に言えばその橋の幅に入る大きさに船が設計されているようでした。

左右の景色は、季節柄藤の花が咲いている箇所もあり、また橋の下では獲物を狙うアオサギ君がカメラのフラッシュにもめげずたたずんでいたり、川辺を庭先に取り込んだ素敵なお宅があったりと楽しませてもらいました。

船から上がると、船から見上げたお城に上がってみました。ボランティアガイドの70代後半とお見受けする人にお願いし、詳しい説明をしていただきました。

お城と小泉八雲記念館と武家屋敷は共通券があり、時間が許して3つとも行けるようならそのほうがお得です。天守閣の基礎部分の石垣の中は、篭城に備えての食料倉庫だったとか。また、階段の踏み板は珍しく桐の木で、万一敵が来たらはずしてしまうときに重くないように、また虫に強いようにということだそうです。かぶとのデザインの展示だとか、松江の町の鳥瞰図模型だとか色々と見せてもらい、天守閣へ。松江の町の四方が見渡せました。

ここで時間がだいぶかかり、小泉八雲記念館と旧宅、武家屋敷は駆け足で見ました。八雲記念館では小泉八雲の作品や経歴、人となりの展示品や書斎の様子を拝見。英語での出版が多かったようです。日本の風俗を英語で紹介していたおかげで、後に陶芸家のバーナード・リーチ氏が日本に憧れを持ったとのこと、倉敷の大原美術館にも氏のコーナーがあるので興味を持ちました。

また、旧宅では、たまたまここの持ち主がよそへ赴任していて空き家だったため、八雲が借りて住んだそうです。日本情緒が大好きだったという八雲がこよなく愛したという庭が取り囲み、その三方の庭が大きすぎずまとまりがよく、真ん中の部屋の座敷からは三方の庭が見渡せてとてもいい家でした。北側の部屋の庭が見える位置にデスクが置いてありました。それは片方の目が見えず、片方が強度の近視だったという八雲が近くで見えるようにとても高い位置に天板のある机でした。

武家屋敷では、思いのほか広い敷地でしたが、座敷よりも私はむしろ裏側の台所の調度品が印象に残りました。昔の主婦はこの台所でどんな風に日々の料理をしていたのだろうと思いました。

そこを出て、駐車場までの道は堀川沿いの松並木でなかなかいい風情でした。4月末というのに夏日だったこの日でしたが、堀端の川風でいい気持ちでした。あご（トビウオ）ちくわと和菓子をお土産に、帰途につきました。

広島県竹原市の古い町並み

２００７（平成19）年6月24日（日）、曇、気温は最高24℃ほど。梅雨の最中のお出かけでした。目的地は広島県竹原市の古い町並み。

倉敷インターから山陽道に乗り、河内インターまで、２、６００円、河内インターから市内へ入るまでだいぶあります。倉敷からの道程は１１２㎞。

カーナビの目的地にセットしたのは歴史民族資料館だったため、石畳の路地に入ってしまい、車が通るには狭くてひどい目に。歴史民族資料館の横に広めの駐車場があり、「ほり川」というお店のものでした。ちょうどお昼だったので、その店を探していると、生姜せんべいやら、大きな袋にいっぱいの八朔が小さめとはいえたったの２００円というので買い、車に収めました。そしてその「ほり川」を見つけてみると、お寺の坂下の、しょう油屋さんの土蔵の建物をそのまま利用したお好み焼き屋さんでした。

入ると右手に鉄板を前に焼いているご主人と奥さんがいて、左手にテーブルが4つくらいありました。そして奥に奥にと部屋があり結構大きなお店です。そしてここは広島県、やっぱり広島風お好み焼き。シングルのうどんまたはそばが入る肉・イカ玉で８４０円。店内結構にぎわっていました。ボリューム満点、おたふくソースと共同開発のややぴり辛バージョンのソースだそうでした。

満腹になって、歴史民族資料館へ。5ヵ所で800円の「文化施設周遊券」というのを購入しました。古い木造家屋で、らくだのこぶみたいに、2棟になっています。一つ目の2階は昔の農機具の展示、もう一つは郷土の偉人の展示。古くは頼山陽、近年では池田勇人元首相がこの出身でした。周遊券で行ける、たけはら美術館には故池田勇人氏が生前愛蔵された「池田コレクション」をはじめ、郷土ゆかりの作品を収蔵しています。

ここでもらった観光地図を頼りに「新町観光駐車場」へ移動しました。ここは3時間300円、以後1時間ごとに50円と格安で安心です。46台分あります。そこから先ほどの周遊券で一番近い森川邸へ。

行ってみるとまあ、高くて立派な土塀と「頼もう！」と呼ばわりたくなるような門。高い式台から玄関の間の受付を通ると、12畳くらいのお座敷がなんと5つも奥へずらーっと並んでいました。左手の離れも3つの部屋があり、そこからのお庭の眺めもまたすばらしい。お座敷の欄間や、小障子の建具の細工も繊細で見事なもの。お庭を見ながら5間続きのお座敷横の縁側を通り、裏手の台所や土間のほうも拝見。とにかく広い。お茶室の雨戸が閉まっていて中の意匠が見えず残念でした。聞けば大正時代に塩田で財をなしたお宅だそうです。他に来館者がいなくて静かに見学できて幸いでした。

たけはら美術館は残念ながら古い町並みからだいぶ距離があったので、そこはカットし、松阪邸へ。ここは大屋根の「むくり」という独特の曲線が美しい建物です。ここも塩田に必要な薪や石炭問屋だったそうで、奥のほうでは以前ビデオで説明がされているのを見たので、今回はざっと見学。

このあたりでどっとバスツアーらしい団体客に遭遇、にぎやかになりました。そのガイドによると、ここの竹鶴酒造は、ニッカウヰスキー創業者竹鶴政孝の生家だそうです（２０１４年～２０１５年のＮＨＫあさドラ『マッサン』のモデル）。

風情のある石畳の路地を曲がり、光本邸へ。ここは国重要文化財の復古館の裏隣にあたり、今井政之陶芸の館だそうです。素焼きの段階で図案どおりに表面を削り、別の粘土をはめ込むと言う象嵌《ぞうがん》の技法を使って魚などの図柄を表現した陶芸でした。ベースは備前焼で親しみがもてます。２階は息子さんの造形作品。

石畳をたどって次は藤井酒造酒蔵交流館へ。前回来たときには、お好み焼きほり川と、ここの奥のおそば屋さんくらいしか食べるところがなく、ここで食べたのでした。酒蔵の中に素敵な民芸調の小物類が展示してあります。

そして……お茶でも飲んで帰ろう、とお店を探していると、目に飛び込んできたこんな看板。

「広島商船高等専門学校サテライトオフィス」。何だろう。顔写真と「私たちは竹原のまちづくりのお手伝いをしています!!」という掲示がありました。私の野次馬根性がむくむくと。喫茶らしいので入ってみました。軽いプラスチックのいすとテーブル。メニューはコーヒーやみかん、レモン、すいかのジュース、ソフトクリームなど。私はアイスコーヒー、夫はレモンジュース。

そこは広島商船高等専門学校の流通情報工学科の准教授、岐美宗《みちよしつかさ》先生と学生による実験店「COZY CAFE」でした。町並みの家は空き家が多く、何とか地域を活性化したいと願って、空き家だったこの建物を借り、店の収益で2階で「寺小屋学習・交流塾」を運営しているそうです。

店内にはこれまでに報道された新聞記事やら、学生の卒業研究となったガイドマップのパンフレット、来店者が自由に記入できるノートなど。岐美先生は東京に家族を置いての単身赴任。以前は土日に営業していたが月曜から金曜は普通に学校で授業がありキツイので最近は日曜のみの営業にしているとのこと。レモンジュースは地元で取れたフレッシュな国産レモンだそうで、香りが違う。あー、ジュースにするべきだった。

出かける前に観光ガイドをネットで見たら、3日前までに連絡、とあったと言うと、「ちょっと待って」と早速「町並み観光センター」に電話してくださり、「ガイドは20名ほどいるので、その日でもガイドがいればOKだそうですよ」とのこと。最初にそうと知っていればガイドを

頼むのだった、と悔やまれました。最後に興味深い元気な人との出会いがあってうれしかった
この日のお出かけでした。

下関——ふぐ、赤間神宮、唐戸市場、旧英国領事館

2007（平成19）年12月1日（土）、予想気温は17℃。朝8時26分に倉敷を発って、新幹線で下関へ出かけました。実は、私は大阪にいたころ「てっちり」「てっさ」という看板を見たものの未だにお店で食べたことがないと言っていたところ、実現することになったのです。口数の少ない夫ですが、私にも食べさせてやろうと連れて行ってくれたのではないかと思います。まさか下関に食べに行くことになろうとは。夫が下関出身の親友Wさんに、フグを食べるなら老舗の「春帆楼」だ、と教えてもらい、ようやくこの日予約が取れたそうです。

下関には11時20分ごろ到着、タクシーで「しゅんぱんろう！」と一言。さすが老舗、それだけでちゃんと行ってくれました。車窓の行く手には関門橋が見え、海辺に来たと思うと、すっと左手の山側に上がっていく、と見るとご大層な楼閣に到着。それが春帆楼でした。和服姿の女性の案内によりエレベーターで3階へ。角の部屋へ案内されました。

窓の下にはお寺みたいに大きなお屋根があり、後で知るとそれが日清戦争の後の講和条約を交わされた場所だそう。なんとも歴史的な場所だったのです。向こうには関門海峡や九州の陸地が見えました。

お料理は様々なかわいらしい口取りから始まって待望の花びらみたいに美しく並べられた透

き通ったふぐ刺し、そばについていた楊枝くらいに細いのは鴨頭《こうとう》ねぎ。ふぐ刺しのために地元だけで作られているとても高価な葱だそうで、それをくるりと刺身で巻いて食べるのだそうです。私は刺身の身もさることながらそばに千切りにしてついていたコリコリした皮のほうもコラーゲンたっぷりで気に入りました。そしてから揚げ、白子、ちり鍋。ちりはゆですぎると硬くなるので、と、仲居さんが大ぶりのおわんにきれいに盛り付けてくれたものをポン酢でいただきました。

　鍋の具をよそいながらの仲居さんの話で、部屋に平成天皇が皇太子殿下時代に泊まられたときにいた先輩の仲居さんに聞いたところでは、全館貸切でもてなすほうも大変でせっかくのふぐだったのに解毒剤が無いので召し上がれなかったとのこと。そのためお付の人が食べ、殿下は帰りにとても残念がられていたとのことでした。

　また、隣の赤間神宮では、5月の「先帝祭」の際に上臈道中があるそうですが、その上臈というのは、壇ノ浦の合戦で海に飛び込んで引き上げられた平家の女性たちのうち、建礼門院徳子らのように都へ送られなかったものの、生きるために漁師の女房になったり遊女に身を落としたりしていた女性たちのことだそうです。身分が高いために漁師の獲った魚を売り歩くときにもかなり偉そうな言葉使いで売っていたそうです。このあたりでは平家の亡霊が出るという話もかなり沢山あるという話でした。

　興味深い話を聞きながらふぐちりをいただき、その残った汁にあらを入れての味噌汁、さらにお雑炊で締め。味噌汁はお客さんの出身地（関東、関西、中部）を聞いてから味を決めるのだそうです。さすが老舗の細やかな気遣い。思いがけない夫の心づかいにも感謝の、お大尽気分にさせてもらった豪華なお食事でした。

食事を終えてロビーに出ると、これから隣の赤間神宮で結婚式を行うために親族一同が集合して、花嫁花婿を先頭に歩くところに出くわしました。私達はその後を付いて行くことにしました。

赤間神宮は鳥居から海が見え、山門はまるで竜宮城のような色鮮やかなものでした。壇ノ浦で二位の尼が安徳帝に「浪のしたにも都のさぶらうぞ」と言って入水した事を思うと、竜宮城を思わせられました。

本殿横のほうには資料館があり、安徳天皇像、琵琶、江戸時代に描かれた平家物語の絵屏風、平知盛の肖像画などが展示されていました（入館料１００円）。そこの横を通り更に奥に進むと、平家一門の墓地と、墓地の入り口には耳なし芳一の像が安置されたお堂がありました。

山かげにひっそりと建つ黒っぽい自然石のお墓は、碇を巻き付けて沈んだという平知盛はじめ14人分で、後列には二位の尼時子の墓も。権勢を振るった頃の平家ならば一つ一つが立派な墓石になったでしょうに。平家一門の亡霊がそのあたりに漂っているかのようでした。

海岸に出てみると、関門海峡の潮の流れは、壇ノ浦の合戦の大きな要素となったようでまるで川のように速く見えました。海岸沿いの木製の遊歩道に沿って歩くと、そこは唐戸市場という海産物市場でした。1貫100円の新鮮な握り寿司の屋台やら皮をむいたふぐの身やら刺身を並べたトレー、うちわえびという平たいエビ、サザエ、くじらなど珍しい魚介類などがいっぱいで、とても大勢の人で賑わっていました。

そこから駅方面へ国道沿いに歩いていると、右手にレトロなレンガ作りの建物が見え、そこは重要文化財の旧下関英国領事館で、イギリス国旗が掲揚されていました。見学無料で、市民ギャラリーのように開放されているそうでした。調度品は神戸の北野異人館で見たようなもので、下関の昔の重要拠点だった当時の様子が分かるようなものでした。

素敵な中庭をはさんで、喫茶があり、カフェオレマスターという称号のあるマスターが立てる1日10杯限定のカフェオレというのがあるそうでしたが、10杯では、と、お店のオリジナルブレンドコーヒーを注文、735円でした。新下関発15時24分のひかりに乗るべく、タクシーを拾って急ぎました。中身の濃い1日でした。

鞆の浦の雛めぐり

２００９（平成21）年3月15日（日）、最高気温は14℃くらい、晴れ。いつもは夫婦だけのお出かけですが、たまには義母（88歳）も連れて行ってあげようと、思い出のある福山市鞆の浦を目的地にしました。出かけたのは11時前ごろ。行程は60㎞。高速道路は倉敷インターから福山東インターまで、ＥＴＣ割引で６００円でした。

鞆の浦付近に着いたのは12時ごろ。お目当ての和食の店「衣笠」に行ってみると、「12時半から営業します」と書かれた黒板が出ていました。入り口の階段ホールのようなところで待つことに。階段下に雛めぐりのお雛さまが展示してあり、雛めぐり第1号。

後から後からお客が来て、狭いホールが満員。50分後の12時50分にやっと席につけました。皆さんお刺身・天ぷらのついたセットメニューを注文なさっていましたが、おばあちゃんは煮魚が食べたいとのこと、何がありますかと聞くと、「ゲンチョウか、カレイ」といわれ、おばあちゃん、「聞いた事がないからゲンチョウをください」と言ってまたしばらく待つと、運ばれてきたのは我が家でもお馴染みの、倉敷で言うところの「ゲタ」（舌平目）でした。なーんだ、と思いながらも、たっぷりと薄味の煮汁の入った煮魚や南蛮漬け、茶碗蒸し、魚のアラの赤だしなどをいただきました。

食べ終わるともう2時前。表に出るとボンネットバスが通り抜けて行くところでした。港近くの有料駐車場に止めて、福禅寺の対潮楼へ。7、8段の石段が境内手前にあり、義母、思ったよりこの石段がてごわくて、手を引いて上がりました。

対潮楼は、窓の建具はすっかり取り払われ、美しい仙酔島の風景が目の下に広がります。受付の女性が「座ってご覧ください」と言われる意味がわからず、立って見ると、下の建物が景色に入るのがわかり、座るとなるほど、近くの松の木の向こうが仙酔島で、絵のようでした。1711(正徳元)年、朝鮮通信使の李邦彦が「日東第一形勝」と賞賛したとの史実があるのも納得。

お寺を後にして古い町並みの路地を抜けると、古い商家がひな祭りの期間中だけ中のお雛さま展示を見せてくださるとのことでした。

黒光りのする柱の建物の中で、古めかしいお雛さまの数々。奥のくぐりを抜けて店主の生活圏の座敷のほうまでいくつものお雛さまや武者人形の展示がありました。

次は有名な保命酒の醸造元の見学です。いくつかあるうちのどこを選ぶか。夫が「こっち」というので、ついて行きましたが、途中の道は狭いのに、ひな祭りの展示をめざしてやってきた観光客らしい人の車があふれるほど行き交っており、大渋滞でした。道は確かに狭いけれども、このところ港の入り口に橋を架けるという話が出ていることについては、景観が台無しになるので架けて欲しくないと思いました。

港方面への路地は、団体客を含む観光客であふれていました。途中、以前買ったいりこ屋さんがあったので、いりこの大袋を1、000円のところ3度目だと言ったせいか、50円おまけしてくれました。その路地の港近くの保命酒の醸造元、太田家住宅に見学に入りました。

昔の量り売り時代の名残のたくさんのますや、大勢の従業員のための台所の土間に並べられたかわいいお雛さまを見ました。台所の「おくど」（かまど）にかかった大鍋は、直径80㎝くらいでしょうか、さぞかし大勢の人が立ち働いていた事でしょう。3つか4つ並んだおくどは、海側の1段下にたき口があり、風が自然に吹き込むように向きを工夫されていると以前ガイドさんから聞いたことを思い出しました。

その奥を右手に曲がった建物には、もち米を蒸すための大釜と、壁を隔てて半地下になった焚き口がありました。人の背丈ほども深さのある大きなお釜でした。さらに奥は広々とした酒蔵で、備前焼きの大甕が並んでおり、ひしゃくなどの道具の展示。

そしてその奥がお雛さまの展示室になっていました。お雛さまの中では、裃《かみしも》を着た裃びな、おじいさんとおばあさんがお内裏様になっている翁びななどが珍しいものでした。多分、ご当家のご隠居さんのお祝いにでも作らせたものではないかと推察しました。

太田家を出るとすぐ近くが港でした。坂本龍馬が軍資金を運ばせるために仕立てていたいろは丸がこの近くに沈没しているそうで、いろは丸記念館にはその引き上げられたものが展示されているのでしたが、この日は他のことで時間がなくなり、省略。

常夜灯の前まで行って再び先ほどの路地へ。少し行くと、「崖の上のポニョ」の映画で鞆の浦が背景に使われて話題になっているという、監督・宮崎駿氏の行き付けだったという喫茶店がありました。おぜんざいが食べたかったのですが、あいにくの満席。時間も押しているのでその横を抜けてまた港のほうへ。はるかに対岸の先ほどの常夜灯やいろは丸記念館などを見て、駐車場近くのお店で保命酒の飴を購入。

それに、鞆鉄バスセンター近くの魚屋さんでおばあちゃんは夕食のお魚を購入。いりこ屋で買った、舌平目？が上にプレスされたおせんべいを食べながら帰りました。義母に喜んでもらえて幸いなお出かけでした。

鞆の浦の路地

津和野　その1　山口線の車窓　SL二重連　源氏巻　乙女峠のマリア聖堂

２０１０（平成22）年10月16日（土）、現地の最高気温予想は22℃とのことで、晴れのち曇り、と最高の時候の旅です。倉敷を朝９時に出発、岡山発９時31分ののぞみ３号に乗り込みました。約1時間後の10時37分新山口に到着。45分後の11時17分発の普通列車で津和野到着は13時４分の予定なので、ここで駅弁を購入。ところが夫が、丸い形の容器のお弁当を選び、手に持っていたら紐がほどけ、レジ前で床に落としてご飯や具が散らかりひと騒動、もう1個買う羽目に。紐かけだけでなくテープで止めておいて、とクレームを言い、おかげで山口線ホームに行ってみるとSLが煙を吐いて発車した直後で写真を取り損ない残念。

乗り込んだのはごく普通の鈍行列車でした。車内で駅弁を食べ、両側の山の景色を楽しみ、携帯が「圏外」表示になるといって驚き、この日はSLが2台連結されるという珍しい運転のためカメラマンが大勢沿道に出ていて、車を止めたり三脚を設置したりと、思い思いの撮影ポイントに陣取っていた跡を見かけました。車窓からは赤茶色の石州瓦の家々が点在し、山や田んぼの緑とのコントラストがとても美しい風景でした。途中の長門峡《ちょうもんきょう》からは大勢のカメラを持った人が乗り込んできました。また、沿線にリンゴ園もみられ、そろそろ色づいたリンゴがなっていました。

13時4分、津和野駅に着くと、ホームに2台の蒸気機関車が止まっており、マニアが一杯。私も野次馬ですからついでに横断陸橋からも撮影しました。

鞄をコインロッカーに預けると、観光案内所がありました。そこにいた黄色いジャンパーを着たガイドさんに夫が案内をお願いしてみました。乙女峠と森鷗外の墓所へ行きたいというと、気安く道案内に出てくださいました。小山さんという70代くらいの人で、津和野のボランティアガイドはまだ始まって5年とのこと。

歩き始めて間もなく「高岡通り」へ。高岡通りというのは、津和野の藩校「養老館」で学んだ兄弟の生家がこの通りにあることからついたそうです。兄・高岡直吉《ただよし》は初代札幌市長や島根県知事にもなった人、弟・熊雄は北大総長になった人だと、あとで知りました。

少し行くと右手に津和野名物の「源氏巻」の実演をガラス越しにやっているお店があり、しばし見物。薄皮のカステラみたいな生地を薄く出てくる金属製の容器でさーっと流していくと、幅15㎝くらい、長さ40㎝くらいの四角い皮がきれいにできます。それが2枚、焼ける間に横に山にしていたあんを用意し、巻きずしの具みたいに上手に手前に細長く伸ばすと、今度はくるくると巻き込み、サイズに合わせた板でちょっと押さえます。すると焼きあがった皮のきつね色のところが表に出て、長い源氏巻が1本出来上がり。

川に沿った狭くて急な山坂をしばらく上ると、一人の老婦人が草取りをしていました。石垣の上に、小さな聖堂が立っていました。ずっと憧れて目指していたマリア聖堂。左右にわずか3列の長椅子があるだけのこぢんまりとした聖堂でした。この地に送られてきた長崎・浦上のキリシタンたちは冬のさなかに池の中に入れられたり、わずか三尺四方の檻の中に入れられ立ち上がることも横になることも許されずに外に置いておかれたりという過酷な仕打ちで棄教を迫られた結果、送られてきた153人のうち36人が殉教したそうです。このことは朝日新聞に連載されていた遠藤周作の『女の一生』に書かれていたことから知りました。

毎年5月3日にはカトリック信徒が約2、500人ほど集まってミサが行われているとのことでした。そのため、この地の整備はカトリック信者によってされているそうで、草取りをしていた老婦人に挨拶すると胸に小さな木の十字架のバッジをつけておられました。

津和野　その2　森鷗外墓所　津和野カトリック教会　掘割　藩校「養老館」森鷗外生家

２０１０（平成22）年10月16日（土）、ボランティアガイドの案内で乙女峠のマリア聖堂を訪ね、続いて永明寺《ようめいじ》の森林太郎（鷗外）墓所を訪ねました。乙女峠の山を下り、線路沿いに歩くと山側に永明寺はあります。その境内、鷗外の墓は、山門の向かい側の1段高くなった墓地の奥にありました。分厚い苔に覆われた墓石の間を抜けると、遺書の「森林太郎以外に一字も書くな」の通り、一切の肩書・業績を刻むことなく森林太郎と男らしい太字で刻まれた立派な石碑が、その両親や祖父の墓の列に対してその一基だけ直角の向きに建てられていました。もとは津和野の御典医の家柄だったのだそうです。遺書の聞き書きをしたのは親友の賀古鶴所《かこつるど》、書は中村不折《ふせつ》によるものとか。森家の家紋は星形の枠の中に菊だったのを、天皇家と似ているからか、鷗外の前あたりから菊の葉を組み合わせた物に変わっているそうです。

永明寺には家康の孫・千姫を燃え盛る大坂城から助け出したことで有名になった坂崎出羽守の墓もあります。山門を入り茅葺《かやぶき》の本堂に向かって左上のほうにありました。人の高さほどの石柱でしたが、この地を治めた殿様とは思えない粗末な彫りで、家康の怒りを買って切腹した人なので「坂井出羽守」と彫られていました。

永明寺を出て元の踏切へ来ると、蒸気機関車がそばまで来ており、転車台で方向転換して今度は客車の前と後ろに連結して運転するためにバックしているところでした。周辺には大勢の見物客。近くの道には機関車から吐き出される煙が一杯漂っており、ちょっと迷惑かなあという思いを持ちましたが、あのボーッという汽笛の迫力ある音は確かに郷愁を誘うものがありました。

駅に戻り荷物を取って、宿近くの殿町のにぎやかな通りを案内してもらいました。掘割に鯉が泳ぐ通りは有名ですが、先ほど見た森鷗外墓所のある永明寺の山門というのは、実はこの通りに建っていたものを移築されたそうです。

その石畳の道の向かい側に、津和野カトリック教会の尖塔が見えました。五島や長崎の聖堂に似て立派な建築。聖堂の内部は畳敷きでした。天井は長崎あたりのが放物線を描くのに対して直線的な折りあげ天井。教会聖堂の隣の建物は資料館となっており、キリシタンたちが長崎の浦上から尾道、広島の廿日市を経由して連れてこられた経路の図面やら、踏み絵のレプリカ、廃寺の建物をキリシタンたちの収容所とした敷地全体の模型があります。またここで行われた迫害をキリシタンたちがいかに耐え殉教に至ったかを絵入りの説明で紙芝居風につづったものもあります。キリシタン迫害の現場がこのようにはっきりと残されているのは日本でも珍しいとのことでした。

鯉の泳ぐ掘割は、津和野の町を流れる高津川からの水だそうで、さらさらときれいでその中を橋の下にもぐらないようにところどころに柵がしてあり、びっくりするほど太った巨大な鯉が泳いでいました。小さいすばしこいのも一緒にいて、ガイドさんによるとそれは鯉の子ではなくてハヤだそうでした。

堀に沿った長く続く土塀は津和野藩の藩校の「養老館」でした。幼少時の森鷗外や、後にオランダ留学もした日本の哲学の先駆者で、ここで教鞭をとったという西周《にしあまね》、先に書いた初代札幌市長になった高岡直吉など多士済々を輩出したところだそうです。裏手には鷗外の臨終の場で書き取られた遺書を写した石碑も立っていました。

さらに掘割の殿町を進むと、高津川に出ました。下流は益田まで流れているという大きな川でした。川を見下ろす公園に有名な鷺舞の銅像が立っていて、そこで記念撮影する人多数。私たちはそこでガイドさんと別れ、さらに森鷗外生家を目指しました。川に沿って遊歩道を20分、生家と、隣接する記念館が見えてきました。鷗外生家は、質素な感じのこじんまりした家で、それでも3間続きの座敷には中央に炬燵のやぐらがぽつんと置かれていました。邸内には小さな井戸も残っており、往時をしのばせるものでした。

もう午後4時半を回っていて併設の記念館を見てゆっくりする時間ではなかったのでそこま

でにし、車の行き交う道を歩いて帰りました。元のにぎやかな殿町の大きな土産物店「沙羅の木」で、孫用に紙風船を見つけて購入し、さらに数ある源氏巻の販売店の中から「竹風軒」をガイドの小山さんが推奨してくれたので、閉店間際に飛び込んで当地の名物「源氏巻」を自宅向けに送りました。

こうしてこの日は暮れていきました。

仙崎から萩へ　金子みすゞ記念館　香月泰男美術館　松陰神社

２０１０（平成22）年10月17日（日）、朝９時11分発の山口線普通列車で益田へ。車窓には、昨夜宿で出されたお茶の産地らしい茶畑が見えました。相変わらずのどかな緑の田園風景に赤い石州瓦。後で萩のタクシーの運転手さんに聞いたところでは、この石州瓦は重いので、柱がしっかりしていないと乗せられないとのこと。雪を考えて頑丈な作りの家が多いためでしょう。

益田に到着。ホーム反対側に待っていた山陰本線の普通電車に乗り換えです。海岸沿いに走る山陰本線の車窓から見る風景の海が美しいこと。ここは海が一番近い場所でしたが、水が透き通っているのが分かります。この海岸も、穏やかな海の深い藍色がとてもとても美しい風景。瓦屋さんの置き場も見かけました。車窓から見た限りでは赤茶色のは比較的少ないみたい。山陰でもここらは倉敷とあまり変わらない稲刈りの時期のようです。津和野はもう終わっていましたが。

この日の宿泊先の萩をいったん通過します。萩駅には萩が咲いていていました。

11時39分、長門市駅に到着。ふと見上げた時刻表、１時間に一本あるなしのダイヤ。あらー。長門市駅からタクシーで10分ほどでめざす仙崎の金子みすゞ記念館に到着。しもた屋風というか、昔のみすゞ生家の書店「金子文英堂」を再現しているそうです。叔母のところへ養子に出ていた実弟の上山雅輔さんの記憶をもとにこの建物が再建されたそうです。みすゞの部屋は表通りに面した2階の四畳半で、ここで縫い物や詩作をしたようです。

土間の台所に続いて五右衛門風呂のたき口があり、水道はなく、井戸から汲んだ水を入れて外の焚口で沸かすお風呂。炊き口に燃え残りの薪があるので冷めにくいお風呂です。風呂場の外壁に「お風呂」という詩が書かれた板が掲示されてありました。生活の中でこうして詩が生まれていた様子がわかります。

小庭に「お使いは自転車に乗って」の碑がありました。作詞は実弟の上山雅輔さんだそうです。夫が知らないというので、歌ってあげました。昔、音楽の教科書で私は習ったのです。元宝塚女優の轟夕起子さんが歌っていました。

記念館の受付の人に聞いて徒歩6、7分の「よ志乃」というお店にお昼を食べに行きました。海鮮料理の店です。本店と支店がすぐそばにあって、夫が注文したのは海鮮丼。ここはウニが名物らしい。私は人気メニューだというウニ釜飯セットに。こちらにも新鮮なお刺身つき。

お店でタクシーを呼んでもらって萩まで。途中、長門市の香月泰男美術館に寄りました。

この香月泰男さんというのは、テレビで評論家の立花隆さんがこの人の「シベリアシリーズ」という、シベリアの収容所に抑留されていたころの黒を基調にした絵が好きで、わざわざシベリアの西奥のほうの収容所まで出向いて、当時と同じ重さの荷物を背負って追体験するという番組に出ておられたのを見て、興味がありました。入り口の黒い石に彫られた「香月泰男美術館」の文字は、香月さんと親交のあった俳優の故・緒方拳さんの書だそうです。拳さんの性格が出ているような男らしくごつごつした肉太の文字です。館内は撮影できませんでしたが、意外にも木の胴体とブリキの筒の手足を持ったかわいいロボットみたいな人形が多数作られているのが楽しかった。また、絵もシベリアシリーズしか知らなかったもので、暗いのかしらと思ったら思いのほか明るいものが多くて、結構楽しめました。また館内にはアトリエの再現もされていて、壁が全部杉材でできていていろんなものが掛けられているのが楽しそうでした。

萩の宿に着いたのが3時ごろで早かったので、松陰神社へ行って待機していたボランティアガイドさんにお願いして案内していただきました。なんといってもあの「松下村塾」の建物がメインです。日本の近代史になくてはならない「松下村塾」。実物を見て、こんなに質素で小さな建物だったのだと改めてびっくり。手前は塾生の部屋。寝泊まりしていた人と、通っていた人がいたそうです。主な塾生の写真がありました。多くは若くして亡くなったけれど、伊藤博文とか山県有朋とか、その後の日本を背負った人たちが、わずか1年ほどのこの塾での松陰の教えから生まれたというのはなんともすごいことです。床の間が取ってあるのが講義室。幕末のドラマには必ずといっていいほどこの部屋の場面は出てきます。同じ敷地内に松陰の叔父の家、その建物内に、松陰が蟄居していたという実質三畳半の部屋。ここの窓から慕ってくる人に教えていたというからすごい。ここが手狭になったので松下村塾を建てたそうです。

松陰という人について私はここへ来るまでほとんど知らないといってもいいくらいでしたが、まだ29歳の若さで獄死するまでに西は長崎、東は江戸や北陸あたりまで広く日本を旅して知人を得て、手紙により居ながらにして政治情勢などを知り、萩の地にあっても的確に情勢判断をして弟子に教えていたらしいことが分かりました。この人なくしては日本の近代はあり得ないといってもいいくらいに重要な大人物です。

宿の部屋から見る萩の日没はちょうど5時半、城跡のある指月山《しづきやま》の向こうに沈みました。夕食は色々ご馳走でしたが、最後のお茶漬け、萩焼のお茶碗に名物のちりめん山椒や紫蘇や冥加の千切りを載せて食べるというものでしたが、冥加の風味が効いておいしかったです。

萩　維新への胎動の地　伊藤博文生家（移築）吉田松陰生誕の地 木戸孝允生家など

２０１０（平成22）年10月18日（月）、朝９時に観光タクシーを予約していました。前日に松陰神社を見ていることは伝えてあったので、ではその近くの伊藤博文の生家が移築されているのでご案内しますとのこと。伊藤博文は山口県南部の光市の出身で萩へは父が養子に入ったので来たらしい。光市からの移築らしいです。茅葺屋根の小ぢんまりした家でした。

その近くに、伊藤博文の東京都品川区大井に建てていた別邸というのが移築されてあり、元は車寄せがあり中庭を挟んで右に西洋館、左に書院、さらにその奥に離れ座敷、台所、風呂、蔵を備えた物だったそうです。萩にはそのうち玄関、大広間、離れ座敷の三棟のみ移設されています。全体の半分とはいえそれでも広壮な屋敷で、彼の出世、権勢がよくわかります。あちこちに凝った意匠が目につきます。２階に上がると、雪見障子（中央の稼働部分が左右に開くようなもの）や、違い棚の向こうに窓が取ってあり、当時の場所からは富士山が見えたそうで、興味深く思いました。廊下側の窓は２階なのに床面からの広い窓で、転落防止の柵が設けてありました。伊藤博文はこの家が建って２年後にハルピンで暗殺されたそうです。

次は吉田松陰の生まれた場所に案内されました。ご城下の中では最もお城から遠いと思われる高台にあって、家は基礎の部分だけが残されていました。下級武士の家らしく小さな家で、近くには産湯の井戸の遺構がありました。萩城下が見渡せるような高台、景色はよくても不便な暮らしだったのではと思われます。近くには吉田家の墓所もあり、松陰の実父杉百合之助や叔父で松下村塾の創始者玉木文之進の墓や弟子の高杉晋作、久坂玄瑞の墓などもありました。いずれも朝早く行ったのに掃除がていねいにされていました。

続いて萩藩主毛利家の墓所のある黄檗宗の東光寺へ。ここには3代、5代、9代、11代の藩主夫妻のための広い墓所があり、その前にはあの世でも忠誠を誓う家来のように、500基の石灯籠がずらりと据えられてありました。東光寺の山門はまた豪壮なものでしたが、藩財政を考えずにお金をつぎ込んだようです。偶数の藩主は大照院というお寺の方に葬られており、この二つのお寺に交互に葬られているそうです。

次は桂小五郎、のちの木戸孝允《たかよし》の生家に行きました。彼はここで20歳までを過ごし、嘉永5（1852）年に江戸に出ていくまで住んだそうです。こちらは医者の家だったので患者用の玄関と家族用の内玄関があり、3畳間なども入れると12部屋。座敷には萩の古地図の屏風や、息子と親子で撮った写真などが飾られていました。なかなかのイケメンです。

私にとっての疑問は、「桂小五郎」というカッコいい名前から「木戸孝允」になった理由でした。木戸孝允は何度も名前が変わっています。最初は藩医和田昌景の子として生まれ、8歳で桂家の養子となり家督を継ぐ。33歳で坂本竜馬と会い、木戸貫治と改名。34歳で木戸準一郎と改名、とあります。略年表からは孝允と改名した時期や経緯は書かれていませんでしたが、殿様から木戸姓を賜って名乗ったと書かれているものもありますが定かではなく戸籍もない時代、たびたびの改名がされたのでしょう。幕府から逃れるためだったようです。裏庭には立派な夏みかんの木があったのが印象に残りました。

高杉晋作の生家は木戸邸からほど近いところの風情ある菊屋横丁に面して建っています。小さな家ですが、萩らしい白壁の土塀のある通りに面していて、一旦緩急あれば藩主のために駆け付けられるくらいの位置関係にあるかなと思いました。

高杉晋作生家へ至る道の角は菊屋家住宅。豪商の邸宅です。

街並みを巡ってから、前日から見ていた指月山のふもとにある城跡と庭園を見ました。お城は山頂にあるものと思っていたら、ふもとの一角に天守閣跡がありました。赤穂の城と似て海のすぐ近くの城ではありますが、堀は海水ではなく雨水だそうで、錦鯉が泳いでいました。

このあたりでお昼となり、道の駅「萩しーまーと」へ。ここでは鮮魚商や地元の野菜果物などの直売所などのお店が並んでおり食堂も3ヵ所ほど。後で聞くと、買い上げたお魚を頼めばさばいて食べさせてくれるそうでした。私たちはそのうちの1軒に入り、海鮮丼の特上というのを注文。ボリュームもありご飯少な目で私好み。

食事を終えても少し時間があったので、反射炉の跡を見に行きました。これは安政3（1856）年ごろ作られたようですが、試験運転だけにとどまったようです。全国でもここと伊豆の韮山にしかないという珍しいものだそうです。当時としては先駆的な技術導入だったのでしょうね。

旅の終わりは特急の路線バスで東萩駅前から新山口まで行きました。お客は途中乗ってきた校外学習らしい小学生の5人ほどを入れても10人程度でした。

2泊3日の津和野と萩、江戸から明治にかけての激動の時代を生きた人の足跡をたどる充実した旅でした。

北海道篇

道東の旅　その1　根室・納沙布岬《ノシャップ》　霧多布岬

2011（平成23）年7月6日（水）、北海道の中標津空港に降りた私たち夫婦は、レンタカーを借りて砂嘴《さし》の野付半島に立ち寄り、次に日本の東の端、納沙布岬をめざしました。そのあたりの別海町の面積がどのくらいあるのかわかりませんが、行けども行けども別海町……日本一の牛乳の生産量を誇る所だそうで、飛行機からも見えた、牧草のロールが広大な牧場に見かけられました。

根室の町を通り過ぎ納沙布岬に向かっていると、近頃脚光を浴びている風力発電の装置がありました。巨大なものです。でも1基だけあるところを見ると実験的に設置されはしたものの、廃棄もできずというものなのかも？

そしてここにも自転車ツーリストが走っていました。

根室の町からは結構遠かった納沙布岬の灯台のような展望台？が見えてきましたが、5時半ごろのことで、直下の売店も閉まっていたし、入れず、展望できませんでした。残念、でもまあ記念写真だけでもと、偶然そこで一緒になった2台のバイクの方のうちの一人に撮っていただきました。その2人を一緒に撮ってあげましょうと夫が言うと、いいですと言われました。話し方を聞いていると、旅先で偶然の出会いだったようです。

根室に帰ってホテルでの夕食は、これからが旬の花咲ガニがついていました。とげとげだらけのカニで持ちにくかったけれど、さすがにおいしかったし、地元ならではの食材でボタンエビも。それに天ぷらはアスパラと、ふつうはサツマイモのところをジャガイモでした。……やっぱり甘みがあるサツマイモのほうが好みではあったけれど。昆布塩でいただくのも地元ならではでした。

翌朝、何しろ日本で一番早い根室の、しかも7月の夜明けは、なんと午前3時半には明るくなり、5時にはもう感覚的には7時過ぎと思えるくらいの明るさでした。チェックアウトのためにフロントに行くと、北方領土にすぐ近いため「北方領土返還署名簿」やら訴えやらがありました。

7時半ごろ、霧多布岬に向け出発。途中、牧場にのんびりと10頭前後の牛が放牧されていました。牧場や牧草は見られてもこれまで牛が見られなかったのでつい車を止めて見物していたら、牛さんもこちらをしっかり見ていました。

道の途中に「ムツゴロウ王国」という看板が。あの、ムツゴロウ王国がこの奥に？と、興味がありごろごろの砂利道を行ってみると、建物があったのですが、中に入るのは遠慮して、先を急ぐので引き返しました。

浜中町の家並みを通り過ぎてから岬までが遠かった、9時半ごろやっと着きました。岬の上には思いがけずお花畑がありました。入り口には赤いマジックで「今日岬に咲いている花 ①シコタンタンポポ ②ハクサンチドリ ③マイヅル草 ④ヒメイズイ ⑤センダイハギ ⑥シコタンキンポウゲ ……⑭ノコギリ草」とていねいに手書きされた紙が掲示されていました。こちらは観光コースからかなり外れているらしく、お花畑の向こうには鉄筋2階建てのがらんとした展望台の建物があり、「きりたっぷ岬」の看板が端に建っているだけで閑散としたもの。ちょうどご夫婦連れが1組やってきたので、いつものように記念撮影の撮りっこをしました。大阪からのご夫婦でした。

夫が崖下に向かう階段を下りて行くと面白いというので降りてみると、とがった岩が一つ、波に洗われて立っていました。また、左手には海鳥の巣が多数あるような岩も。

再びお花畑を通って駐車場の脇に1軒だけぽつんとある土産物店を見てみました。「珍味かじか君」「北海道で当店しかないオリジナルです」という干物を買い、店主と少し話をしました。70代後半かと思われる人。22℃にもなると暑くて店を閉めたくなるとのこと。ここ浜中町は夏場の北海道では一番涼しいところだそうです。霧多布岬は風のぶつかり合うために霧が発生しやすい場所なのだとか。それから、今の時期咲いているのは西洋タンポポ、少し前に咲いていてもう見られないのがエゾタンポポだそうで、そのため外来種と混じり合わずに済んでいるそうでした。花弁の下のところが垂れているのが在来種、上がっているのが外来種。エゾタンポポとシコタンタンポポは外来種に押されて絶滅しかかっているとか。植物にとても詳しくていろいろお聞きでき、この土地を心から愛している様子がうかがえました。

道東の旅　その2　釧路湿原ノロッコ号

2011（平成23）年7月7日（木）、根室の宿を出て霧多布岬でお花畑を見、売店のおじいさんに話を伺ってから、釧路に向かってドライブしました。厚岸《あっけし》までは海岸が見えていて、そこからは内陸部を走る道になりました。この道がまた、両側が原生林とやぶばかりで牧場はおろか人家というものがない、ない、ずーっとどこまでもない、という道でした。ちょっと休憩しようにもあまりにも何もないものですから、どこでというきっかけもなく行っていると、岡山ではときどき見かける手書きの看板に「桃」と書いたものが所々に置いているではありませんか。（北海道で桃がとれたかな？）と思いつつ走っていると、それらしいトラックのお店が広場にあったので休憩に立ち寄りました。

赤い小さな桃が並べられていましたので、まさか岡山までお土産に持ち帰ることは考えずに、おやつ代わりに食べたいと思い、「どこの？」と聞くと熊本産。たしか「朝とれ」とあったけれども。いくら？と聞くと2個で600円。高いなと思ったけれども、自動販売機もあるわけでなし、背に腹変えられず、買ってかぶりつきました。

ようやく昼前に釧路にたどり着きました。駅前の駐車場に車を置き、乗る予定の「ノロッコ号」の切符を買い、待ち時間に釧路の商店街へ。駅前の「だいころ」という蕎麦と肴の店へ入り、刺身定食を頼み、目の前の魚のショーケースを眺めていると、オレンジ色の柿みたいな物体が。初めてお目にかかるホヤでした。珍しいのでこれは食べてみたい、と刺身にしてもらいました。食感はやや歯ごたえがある割に柔らかいなあと思いました。お刺身は巻貝の殻にはいったツブ貝や、ボタンエビ、タコなど色々でした。

駅に戻り、待合室に行くと、どうやらノロッコ号目当てかなと思われる人が多数後からやってきました。

ノロッコ号は午前と午後に各1往復、釧路駅と湿原の中ほどの塘路《とうろ》駅との間をゆっくり走る観光列車です。釧路と網走を結ぶ160㎞あまりの釧網《せんもう》線の一部です。列車の駅4つ分の長さを持つ湿原ですから広大さがわかるというもの。私たちは13時49分発の午後の列車に乗りました。木製のボックス席と、窓に向かう席がありました。ボックス席にはテーブルがついていました。しかし夫「これではお尻が痛くなる」といい、従来通りのクッションのついた布張りのシートの物が連結されていたのでそちらに移動。発車までに6~7割がた乗客が乗り込み、列車内売店も開かれてハンバーガーやおにぎり、飲み物などが販売されました。沿線は東釧路駅を過ぎると湿原が広がって、鉄道ならではの、湿原のすぐそばの眺めが楽しめました。途中の岩保木地区の水門や、釧路川がすぐそばに流れるなどのポイントになると女性のアナウンスで説明が流れ、スピードがぐっと落とされてのんびりと景色を楽しむことができました。また、遠矢、釧路湿原、細岡、塘路の各駅舎は、それぞれ小さなログハウス風なかわいらしいものでした。

終点の塘路駅では、折り返すまでに約30分の時間があり、駅舎にある喫茶店でご当地名物のアイスクリームを３００円で頂き、午前の乗客が帰るためほぼ満席となって折り返して帰りました。

帰りにはカヌーで釧路川を下る観光客の姿も見られ、向こうからもこちらノロッコ号が珍しいのでカメラを向けている様子で、お互いに撮りっこしていました。釧路にしては珍しく28℃くらいでしたが、列車を走り抜ける風はちょうどよく、窓を開けて列車の旅を満喫しました。

道東の旅　その3　丹頂自然公園　阿寒湖アイヌコタン　摩周湖　屈斜路湖畔

２０１１（平成23）年7月8日（金）、北海道の旅の続きです。釧路のホテルを朝8時ごろ出発。

まずはカーナビでこの日の宿泊先を登録し、次に立ち寄り地点を入力していくのですが、「鶴公園」と入れてもヒットしなかったので、仕方なく阿寒湖と摩周湖を入れ、次にそこへ行くには釧路湿原のどちらを回っていくか、ということになり、東側から行くことに。昨日ノロッコ号で行った塘路駅が道路と一番近いので、そこへ休憩がてら立ち寄ることにしました。雨の釧路湿原を左に見ながら、塘路駅に着きました。また来るとは思いませんでした。夫は昨日はチョコレート味のを食べたせいか、まだ早いと思うのにこの日はブランデー味のアイスクリームを注文して食べ始めたので、私も付き合って飲むヨーグルトを。

で、坊主頭のそこの店主さんに「鶴公園」に行きそびれたことを話すと、観光マップを下さり、「この先に砂利道だけれど釧路湿原を横切る道があり、そこを通って行っても、この行程なら間に合うよ」、とアドバイス。そこで湿原をぐるりと4分の3回ることにはなったけれど、行ってみることにしました。

言われた通りに行くと、湿原の中を横切る砂利道に出ました。見渡す限り湿原。北海道はスケールが違うと思っていましたが、行けども行けども……という感じ。ほんとに、すぐそこみたいに言われましたが、ずっとずっと遠かったです。

丹頂鶴自然公園に到着。ここに来ればいつでも鶴が見られる、と塘路駅の喫茶のおじさんが言うので来てしまいました。鶴の生態が詳しく看板で出ていました。いろいろと勉強させられたり、クスリと笑ったり。手の込んだイラストがあったり。広い場所でした。いました。ひなは薄茶色なんですね。確かに鶴に出会うことができました。

阿寒湖へ着きましたが、雨で煙っていたので、遊覧船は、パス。山側に大きなアーチ形の門のアイヌコタンがあり、お土産屋さんが立ち並んでいました。そのうちの1軒に入ってみました。ありとあらゆるものを飾り付けたという感じの内装のお店で、この地ならではのものが食べたいなとメニューを見て決めたのがエゾシカの肉のステーキ定食。赤身で筋っぽくもなく、下手な牛ステーキよりやわらかくていけました。1、750円。アイヌの土産物屋が両側に並ぶ一画の奥に、アイヌのチセというのは家という意味のようですが、モデルハウス?が展示されていました。

民族舞踊を見せてくれる建物もありましたが、時間帯が合わず。

大迫力の木彫りの飾り付けのある店構えに圧倒されつつ、土産物店の1つでお土産を買い、そこの店主の人とお話をしました。「摩周湖はこれでは霧ですね」、と言うと、「向こうのほうに雄阿寒岳がみえるだろう？　あれが霧に隠れているから今日は無理だろうね。とはいえ行ってみたら晴れていることもあるけどね。霧に遭いたくなかったら8月に来るといいよ、このあたりは8月は秋だから、着るものもしっかり用意してきたほうがいいよ、なにしろ冬にはマイナス25℃の土地柄だから」

とのことでした。

阿寒湖から摩周湖への道は濃霧。こりゃあかん。もうすぐ摩周湖ですけれど……。

霧の中でしょうがなく、それでも駐車料金410円だけは「国立公園の維持管理のため」とのことで支払いました。やっぱり霧の摩周湖なのでありました。

霧の中をお宿の屈斜路湖畔へと向かうのでありました。

屈斜路湖の屈斜路プリンスホテルでは、女子高の修学旅行生160人の団体さんと遭遇。きゃぴきゃぴでした。

屈斜路湖

無線ＬＡＮがロビーで使えるとのことでしたが、どうしてもうまく設定ができず、ＬＡＮケーブルを貸してくださったのでインターネットコーナーのルーターから直接接続させてもらって図々しくも長時間ネットにつながせてもらい、（そばのホテル備品？のパソコンだとなんと10分１００円なのに）ありがたかったです。

阿寒湖畔のアイヌコタンの土産物屋さん

道東の旅　その4　美幌峠　摩周湖　野付半島トドワラ　羅臼　知床横断道路

２０１１（平成23）年7月9日（土）、屈斜路湖の宿を朝8時ごろ出発。屈斜路湖を見下ろすビューポイントの美幌峠が第一目的地でした。この日は濃霧注意報が全道に出ていたのですが、幸い午前中だけは天気がよく、中に島のうかぶすばらしい屈斜路湖の風景を見ることができました。山の上にぽつんと赤っぽい石碑が建っており、何だろうと近付いてみると、それは美空ひばりの「美幌峠」の歌碑でした。湖を見下ろす素晴らしい眺望の山の上、人影はほとんどありませんでしたがひばりさんの歌声が流されていました。

9時前、屈斜路湖の湖畔を通り摩周湖をめざしました。道路にあった気温の電光表示は北海道にしては珍しく28℃。本州ではめったにお目にかかれない、どこまでもどこまでも続くまっ平らな直線道路。さすが北海道、と改めて思いました。バイクのツーリングの一団も気持ちよさそうに通り過ぎて行きます。

摩周湖は昨日の大雨と濃霧が嘘のように、奇跡的に晴れ渡っていて、本当に神秘の色をたたえていました。大感激でした。午後には雲が出て下り坂との予報だったので、ラッキーでした。たまたま出会った定年退職後かと見えるご夫婦と記念撮影の撮りっこをと申し出て、風景が隠れるので「もう少しお二人近寄って」と言うと「抱き着くの？」。立派な一眼レフのデジカメでしたが電源が切れそうと申し上げたら、「いつも家内を撮ろうとすると切れるんだよな」などという面白い一幕もありました。

風雪から車を守るためのスノーシェルターがこの付近でいくつかありました。風上にあたるところに風よけの鉄骨はほかでいくつも見ましたがトンネル状のはこの付近だけ。厳しい土地柄なんだなと思いました。

海岸に出ました。旅行1日目に通った所です。標津から野付半島をめざしました。先日は途中までしか行けなかったトドワラに、今度こそ行ってみたい、と気がはやりました。細い砂嘴《さし》の半島なので両側が海、という道を先端近くのネイチャーセンターまで車を飛ばし、駐車場へ。自然歩道を歩きに行きました。

気温は29℃くらいでしたが、花々が豊かに咲き乱れ、広いし、吹く風も心地よく、片道30分のよいウォーキングコースでした。ハマナス、エゾカンゾウ、センダイハギ、ヒオウギアヤメなどを見つけながら歩くのは楽しかった。向こうから馬車がやってきてすれ違いました。歩道と並行して馬車道があったのに草群の向こうだったのでそれまで気づきませんでした。のんびりと馬車の座席に揺られて視界が少し高いのもいいでしょう。

トドワラは昔生えていたトドマツの林に海水が入り込んで枯れた林だそうです。だんだん枯れ木が朽ちてきており、もう少ししたら木もなくなってしまうのではと思われました。一人分くらいの幅の木道を引き返していると向こうから自転車を押してきた人とすれ違い、さらに先まで行こうとするのに驚くと、はるか向こうの先の先に停泊しているボートに乗って、対岸の尾岱沼《おだいとう》へ出かけるのだそう。付近には人家も見当たらなかったのにいったいどこから?と思わされた人でした。

12時半ごろでしたか、ネイチャーセンターのレストランで海鮮丼を食べました。すぐ隣では若い家族が食べていて、ご当地バーガーを注文したら、日本一の牛乳生産量を誇る別海町のことでビールジョッキに牛乳が入ってきており、3歳くらいの女の子がそれをぐびぐび飲んでいるのがなんともかわいらしかったです。

野付半島を後にし、標津町を通って羅臼をめざしました。幸いこの辺りはきれいに晴れていて海の色がきれいでした。

羅臼では海産物の加工場直営店を探しましたがなかなか適当な所がなく、ようやく入ってみましたら、昆布はほぼ売り切れに近くて少ししかなく、鮭とばも思うようなのがなくて、昆布を1セットだけ買いました。

羅臼からいよいよ知床へ向かう横断道へとりかかりました。行く手は霧の中でした。羅臼岳を見たかったのですが、雲に隠れて見えません。と、道路左手に、立派な角を持った牡鹿がゆったりと草を食べているのを見つけて、止まりました。別の車のご夫婦の奥さんは鹿に近寄って記念写真をご主人に撮ってもらっていましたが、人がそばに寄っても驚かず、撮影に応じるように草を食べ続けていたのにはびっくりでした。

また少し行くと、今度は小さな雪解け水の滝のそばに2頭の鹿がいて、草を食べるジョリジョリという音が聞こえてくるほどの近さでした。

展望台の駐車場に着いたのですが、羅臼岳はさっぱり見えませんでした。風が冷たくて上着を羽織りました。先ほど過ぎてきた羅臼方面はよく晴れていて、北方領土の国後島などもはるかに見渡せました。

道の端のところどころ鬼太郎ポストみたいなかわいいものが立っているのが謎、の横断道路を通過、ウトロに到着しました。午後3時ごろでした。こんなに早く着くのなら、屈斜路湖から出たところで川湯温泉近くの相撲記念館で大鵬ゆかりの展示を見物するのだったとちょっと残念でした。

翌日は知床探訪のネイチャーガイドツアー

トドワラへ向かう木道

を予定していましたが、雨の予報が出ていました。どうなることやらと思いながら寝ました。

道東の旅　その5　知床ガイドツアー　フレペの滝

２０１１（平成23）年7月10日（日）、知床半島の根元、ウトロの朝は雨と濃霧でした。

この日はかねて旅行社を通じて「知床ナチュラリスト協会ＳＨＩＮＲＡシンラ」へガイドを申し込んでいました。

朝8時にホテルのロビーに迎えに来てくれたのは、野球の斉藤佑樹くんみたいな甘いマスクの感じのいい八木さんでした。函館出身だそうでしたが、なんと倉敷に芸術科学大学時代を含めて8年間住んでいたのだそう。

現地へ行く途中、道にあった前日の「鬼太郎ポスト」に似た謎の物について尋ねると、積雪時にタイヤが滑って発進できなくなった時にまくための砂が入っているそうでした。

駐車場に到着すると、知床はヒグマの生息地ですので、ガイドさんはクマよけスプレーとなたをベルトに装備。私たちは雨が時々降るので、長靴と性能のいいカッパをお借りしました。ペンギンみたいで何ともカッコ悪い。

「フレペの滝」へ向かいました。このあたりの森は、イタヤカエデ、ミズナラ、ケヤマハンノキが多いとのこと。……と言われても、見分けがつくわけでもありません。

とある木の横を通った時、「何か香りがしませんか?」と言われ「甘いにおいがすると思うのですが。あれは山桜の木で、サクランボがなるのです。そして、ほら、あの高いところの枝が折れているでしょう？　あそこまで熊が上って枝が折れたのです」「えーっ」……クマに襲われたら木に登れというのはウソです。走るのも早いし、木登りもうまいし。

遊歩道の入り口には出入りした人数をカウントする装置が置いてありました。

とある木、鹿に皮を食べられないようにするためのネットを破ってキツツキが開けた穴へ蟻が入って巣にしていました。ガイドさんはその中に小枝を突っ込んで「ちょっとにおってみてください」―「？　そういえば、どこかで嗅いだことがあるような」「レモンバームのにおいに似ていませんか？」。蟻酸というのを出すと聞いたことがあったけれど、その酸性のにおいって、レモンバームだったのだわ、とびっくりでした。

エゾシカが冬場木の皮をはいで食べた跡も教えられました。

視界が開けてくると、鹿の親子がいました。この春生まれた小鹿でしょう。かわいい。背の高いシダの原っぱで首だけ出して草を食べていた母鹿が、「キューン」とかいう風に首をもたげて小鹿がどこにいるのかといった風に何度か鳴くと、それにこたえて細い声で小鹿が「ここにいるよ」と言う風に答えるのも聞こえました。その草原はほとんどがワラビで、ところどころにハンゴンソウという50～70㎝位の草丈の物、それにクマザサくらいでした。ワラビとハンゴンソウはあくが強くて鹿が好まないためだそうで、後の草はほとんど鹿に食べられてしまうからだそうです。この時期鹿が好んで食べるのはクマザサの新芽のところのようです。

斜面に鹿の家族らしいのが数匹いて、やんちゃな小鹿らしい2、3匹がぴょんぴょん飛び跳ねながら駆け回っているのが見えました。どの動物も子供の内はやんちゃだなあとほほえましく思いました。そしてこの広々とした知床の大地だからこそ安心して走り回れるのだなあとも。目的地のフレペの滝のある崖が見えてきました。オオセグロカモメがすぐそばの岩に止まっていました。ところが見る間に霧がわいてきて、見えていた向こう側の灯台はおろかすぐそばの道まで見えなくなるほどの濃霧になってきました。後からやってきたご夫婦も写真が写せずあらー。その奥さんが「みんなでそろって息をふーっと吹いて飛んでいったらいいのに」。あまりの濃霧に、やってきていた観光船もどうやら引き返して行ったようでした。10分くらい待ったでしょうか。また晴れてきて、フレペの滝の上の方が見えました。

帰り道、ガイドさんが「あの木の上の方に黄色いキノコが生えているでしょう?」森の中に立ち枯れた木は、鹿がその皮を好んで食べるハルニレで、ぐるりと食べられると枯れてしまうのです。そしてそのキノコはそのハルニレに生えるタモギタケだそうで、お味噌汁に入れるとおいしいのだそうですが、クマもまた大好物で、上って食べにくるのだそうです。

森から草原へ移る境界に数本の木が生えていました。「何の木かわかりますか? 葉っぱに見覚えがありませんか?」「?……そうだ、かしわ餅。カシワですか?」「そうです。柏の木は森の境界線に生えていて、森の木を風などから守る役目をしています。そこから中へ別の木が生えています」

帰り道でまた雨が降ってきてカッパを着ましたが、ある木の陰になると、葉っぱが雨を防いでくれるのでさほど濡れません。イタヤカエデといって、板葺の屋根のようだという意味だそうです。

次にオシンコシンの滝を上から見られるポイントに連れて行ってもらいました。この道は、海岸道路が出来る前の旧国道だそうです。途中にがけ崩れがあるため通行止めになっているようですが、通行止めの看板の所まで行くと、滝の音が聞こえてきました。車を止めて少し歩くと、滝を上から見られるポイントです。滝の下を今の国道が走っています。昔はトンネルを掘る技術もなかったので山の中腹に国道があったのだそうです。

次にウトロの町に戻り、「知床世界遺産センター」へ案内されました。知床はオホーツク海の南端、流氷がやってくる最南端にあたります。立体模型があり、この日の午前と午後に行った場所の位置関係がよくわかりました。

お昼はこの店がおススメ、と言うことで、「一休屋」さんの前で八木さんとはお別れ。人気メニューは地元のウニがいっぱいのウニ丼と、ウニとイクラが半々のハーフ丼でした。待っているお客も大勢で、20分くらい待って食べました。

道東の旅　その6　知床ガイドツアー　知床五湖

２０１１（平成23）年7月10日（日）、午後2時半、知床五湖のツアーのためにホテルへガイドさんが迎えに来てくださいました。午後からのガイドさんは菅沼さんという方でした。千葉の出身で今は羅臼にお住まいとのこと。ガイドさんは地元出身者よりよその人の方がそこの魅力に取りつかれて働いている人が多いようです。

別のホテルでも若い女性４人組とご夫婦？１組の６人を拾って行きました。

若い人たちは「きゃー、鹿がいる」と喜んでいました。私たち、先ほど広い場所で鹿をシカと見て来たばかりなので、残念ながらそれほどでもなく、彼女たちの邪魔をしないように黙っていました。しかし、続いて出てきたこの生き物。知床で初めての出会いでした。イソップではよく登場するアレ。キツネ君でした。思ったよりも小さくて細い体でした。

古い家の廃墟は、住んでいた人の家が朽ちたもの。１９６５（昭和40）年ごろまで最後の住民がいたそうです。ところどころ開けている土地はその人たちが開拓した名残だそうです。

駐車場には大型バスはじめ車がいっぱい。霧がかかっています。

知床五湖へは、２つのコースがあり、左手にある木道のコースと、地面を歩く右手の１周コースになっています。木道なら車椅子でも自由に立ち入ることが出来ますが、地面を歩くにはガイドさんに連れて行ってもらうツアーだけが今年から許されることになったそうです。

1日に何組と決まっているみたいで、ガイドツアーの人も映像でクマと出会わないことが一番大切、といったレクチャーを受けます。次いであとで郵送するようにと、アンケート用紙も配られました。ガイドさんはこの建物の人と連絡を取りながら案内するようです。もちろんクマよけスプレー必携です。建物のドアを出るとツアーが始まりました。

分岐点を右へ進みます。

道はところどころぬかるみ。私たち夫婦だけ午前中にお借りした長靴を履いていたので平気でびちゃびちゃと入ります。レクチャーでは、たとえ道が泥んこでもその左右の草むらを踏んで歩かないこと、とありました。植生を荒らさないような配慮が大切。

木の根っこのアリの巣をクマが食べたあと。クマは大体植物をたべ、アリは貴重な動物タンパクだそうで、こうして巣を壊して食べるのだそうです。

放射状になったものは、シカの食害で枯れて倒れた木の根っこ。ルパン三世の「次元」に似たガイドの菅沼さんは私たちに「これをバックに写真を撮ったら千手観音みたいなのが撮れますよ。ハイどうぞ！　あれ、こないだ大阪のおばさんたちに言ったら大受けだったんだけどなあ、受けないかなあ？」夫婦2組は照れてかあほらしいと思ってか、遠慮してか、乗らず。若い女性4人組は迷った挙句に4人が縦1列に並んで顔と手をずらして千手観音風になって写真に収まりました。

森のあちこちに鹿の食害で枯れて倒れた木が見られました。午前中のガイドでも教えられたのですが、たぶん好みのハルニレなのでしょうか。森の中で木が１本枯れてなくなると、その周囲の植生が変わるのでよくないようです。

下から４ｍ位でしょうか、クマの爪痕が刻まれた木がありました。クマさんはあの巨体にもかかわらず木登りは上手です。

五湖が見えてきました。霧で向こう岸が見えず幻想的です。秋には紅葉がきれいだそうです。カイツブリの子がたくさんいましたが写真に撮ることはできませんでした。

ガイドさんが湖をバックにこまめに写真を撮ってくださいました。足元の木道の隙間に生えている三つの葉っぱは、ツタウルシで触れないように、とのこと。ウルシの木のほうはないそうでした。

枯れて倒れた木（たぶんハルニレ）に黄色のタモギタケがたくさん生えています。クマの大好物です。

四湖に着きました。ここは以前クマが泳いで渡るのを見たことがあるそうです。また、押切もえさんがテレビロケをしに来ていたのだとか。

地面に黒いお団子状の物体が落ちていました。鹿のふんでした。いたずら好きな菅沼さん、

「みなさんこの上にしゃがんでポーズして写真を撮ってくださいね。あれ、誰も撮らないんですか？　私だけ？」梅干しくらいの丸い塊でした。

直径50㎝くらいの空洞になった木もありました。「この中にカメラを入れて写真を撮ったら面白いのが撮れますよ」……その通りに上を向けて撮った映像には空まで抜けて映っていました。

知床五湖の湖を前にツアーの一行

道東の旅　その7　オシンコシンの滝　小清水原生花園

２０１１（平成23）年7月11日（月）、この旅も最終日となりました。この日はウトロを出てオシンコシンの滝を見て、小清水原生花園、網走にちょっと寄ってお昼を食べ、女満別空港から羽田へ飛びました。

前日の午前の部のガイドさんに連れて行ってもらった道は旧国道でしたが、今は海岸沿いに国道が走っていて、トンネルの向こうが滝です。幅といい高さといい水量といい、堂々たるオシンコシンの滝です。

前日の八木さんがガイドしてくださった説明によると、この滝の上流にはオショロコマというヤマメのような魚が住んでいて、それはこの海岸が流氷によって削り取られてこんな地形になる前、氷河期に入り込んで住み着いたものだそうです。

滝の下のお店に売っていたのは、鹿ジャーキー。午後のガイドの菅沼さんが「おいしいよ、おすすめです」と言っていたのを思い出し、軽くて場所を取らないのでお土産に３つ、ドライブの友に１つ買いました。

ドライブの途中、この方は広大な畑地でしたので、「何を作っているんだろう」と興味深く観察。やさしげな細い葉っぱのものは……麦ですね、たぶんビール麦。

こちらは白い花が咲いたじゃがいも畑。そういえば、フランス国民にじゃがいも栽培を広めるため、マリー・アントワネットがじゃがいもの花を髪に飾って宣伝したとか聞いたことがあります。かぶの葉っぱみたいなのはたぶんビート（砂糖大根）でしょうね。社会科で昔習いました。それからまだ丈が低いけれどトウモロコシ畑もありました。


原生花園駅が見えてきました。いったい列車はいつ来るんだろう？　かわいらしい駅舎ではボランティアらしい女性が切手の販売も手掛けていました。

ゆるやかな起伏で海岸沿いに広々とした原が続いています。鮮やかなオレンジ色のエゾスカシユリ。レモンイエローのエゾキスゲ。薄いピンクのハマフウロ（エゾフウロの一種だそうです）。「知床旅情」の歌にも出てくる濃いピンクのハマナス、白っぽいピンクのエゾカワラナデシコ。薄紫のヒロハクサフジ。これは１、２本しか見かけませんでした。キタノコギリソウ、こちらも数本見ただけでした。

浜辺の近くには「小清水原生花園　日本最北　鳴き砂浜」という看板がありました。山陰の琴引浜というところで鳴き砂があると聞いたことがありますが、鳴き砂ってどんなのかな？と思って歩いてみたのですが、ゴミが多かったせいかどうか、キュッキュッと鳴るとかいう音も聞こえず、普通の砂浜のように感じました。

そばの売店でやっぱりご当地アイスを……と思ったけれど適当なのがなくて普通にラムレーズンを食べました。売店2つでエゾシカの毛皮を売っていました。このところ増えすぎて困っているらしいし、ジャーキーや毛皮に加工されているのですね。

網走に着きましたが、旅行中のことでお昼を食べるお店もよくわからず、結局は道の駅に行ってみました。

なんだか映画館の前みたいな、この地に関係したスターの顔写真が飾られた入り口でした。食券を買うとその分が自動的に厨房に注文として入る仕組みになっていたようです。少し早い時間だったのか店内はすいていました。食べたのは、このあたりで地域特産品にしようとしているらしい「ザンギ丼」。鮭のから揚げ?が香ばしくてなかなかでした。海に向かったカウンター席があったので、最後に網走の海を見ながらいただきました。

なんとか間に合いました、女満別空港。満席で、同時刻に出るのがありANAと、私達が乗ったのはエアドゥでした。

羽田に到着し、乗換口のそばにパソコンコーナーを見つけて、時間もあることだしとパソコンを広げて写真を整理していたら、どうも変。大阪行きの飛行機に搭乗する人が搭乗口に消えると人がいなくなってしまって、次は……岡山行きの表示が出ません。人も来ないし。で、歩いて「乗換口変更掲示板」を見ると、62番だったのに502番搭乗口へと変更になっているではありませんか。乗り継ぎのところで係員に尋ねてからやってきたというのに。大慌てで動く歩道を走り、やっと変更先の搭乗口へ。ほっ。

地方空港行きは隅っこに追いやられる感じ。バスに乗って飛行機に乗り込みました。この後もう1台バスが来て、ほぼ満席。北海道からの飛行機よりはだいぶ大きいのに。岡山空港は地方にしては黒字の空港だと聞きますが確かに乗客は多いです。

夕方6時から7時ごろのフライトだったので羽田で「空弁《そらべん》」を買って乗っていました。これが旅行の最後の食事となりました。

中部地方篇

上高地・白骨温泉・高山

2006（平成18）年5月13日（土）から15日（月）まで2泊3日で長野県上高地と白骨温泉、岐阜県高山市の歴史的町並みを歩いてきました。

名古屋から特急ひだで高山へ。面白かったのは、途中の岐阜でスイッチして進行方向が入れ替わること。説明のアナウンスがあったので乗客はめいめい座席をくるりと回転させて向きを変えていました（帰りには要領がわかってさっさと変えましたが、アナウンスがなかったので知らない人はそのまま後ろ向き……）。

高山からバスで平湯温泉バスターミナルへ。

平湯バスターミナルです。じつは穂高温泉へ行ってロープウエイに乗る予定だったのですが、雨のためとても景色が見えないと思い、カット。ここでうろうろしました。

平湯から上高地へ路線バスで行きました。終点の手前の「帝国ホテル前」で下車、徒歩10分で宿泊予約した上高地清水屋ホテルへ。梓川の向こうの右手の建物です。

後で知ると、ここはあの高村光太郎と智恵子が結婚を決意したところでもあり、また芥川龍之介が泊まって河童橋から「河童」を書くことを思いついたという因縁の宿だったのでした。

雨の中を傘をさして河童橋まで一周の散歩をしてきました。

夕食は5時半からいっせいに。フランス料理フルコースでした。姪の結婚式以来のフルコース。フォアグラもあったし、地元のイワナの骨まで食べられるくらいじっくり火を通したソテーなども。窓から霧に煙る残雪の山々を見ながらでした。連休前の開業時には雪かきが必要だったそうで大変だったようです（2020年現在「上高地ルミエスタホテル」となっている）。

翌14日には晴れました。河童橋から焼岳がきれいに見えました。白骨温泉へは1日1便、午後3時発のバスしかないので、それまでに明神池まで歩いてみることに。

明神二之池に来ました。澄み切った水面、その向こうはずうっと見上げないといけない高い山。前日の大雨で水面がだいぶ上がっていました。

まだ猫柳の季節でした。野生の猿を見かけました。道の水溜りにカエルの卵発見。

ハシリドコロ（毒草）、エンレイソウ（毒草）がありました。鴨が中州で寝ていました。

上高地バスターミナルから、白骨温泉行きの直通バスは1日1便だけ。乗車券のほかに整理券が要りますが、たぶん混雑時に積み残しを避ける措置でしょう。乗ったのは私達夫婦だけ。途中の乗り降りもなし、でした。それなのに運転手のほかに乗務員が付きました。それだけ難所だからかな？

ヘアピンカーブが一番の難所でした。すごい高低差と曲がり具合、バスは曲がりきれずにバックして切り返すこと2ヵ所。おまけに工事中で路肩が崩れそう。怖くて下を見られない。

私達が帰った翌日から工事でここは通行止めになったようです。

白骨温泉の湯元齋藤旅館の部屋に案内されました。仲居さんはとってもチャーミングで利発な若い子で、Sさん。可愛いのであれこれ聞きたくなるのをぐっとこらえましたが、白骨の紅葉の頃は吸い込まれるくらい見事だそうです。この宿はまた小説大菩薩峠の作者中里介山が一泊して小説の描写を思いついたという因縁の宿だそうでした。傾斜地のため長い長い渡り廊下と3台のエレベーターを乗り継いでやっとお部屋へ行けるのでした。

夕食を玄関の真上のお座敷で食べていると、下の玄関前に台湾からの団体客が着いてにぎやかに荷物を下ろしたり話したりしていました。遠い台湾からこんな秘境に、よくまあやって来たことと思いました。

朝食に行くときに渡り廊下から泊まった介山荘という建物を見上げてみると、一番上の奥の建物でした。渡り廊下の途中に土地の高低差のためのエレベーターホールがあります。その右手に浴室の建物（平屋）があります。山の斜面に段々と建物群のあるお宿でした。

夕食と、出発前の朝食をとったお座敷は、一番見晴らしがよくていいお部屋だそうでした。

宿の車でバス停まで送ってもらいました。バス停の小屋の向こうに「落石注意」「気温10℃」の電光掲示が見えます。バス停看板の背後は深いがけです。

ここから1日1便の上高地行きのバスに乗り、中の湯で降りて松本から来る特急バスの高山行きに乗り換えるのです。

中の湯で特急バスに乗り換え、平湯温泉でドライバーの休憩時間を取られたあと、10時過ぎに高山の駅に着きました。

駅から徒歩約10分で歴史的町並みの上三之町に到着。倉敷美観地区によく似た古い町です。人待ちの人力車もありました。

お店の建物の軒下に藤が満開。いいときに行きました。

「版画屋さん」というのがあちこちにあるのが珍しかったです。

高山陣屋。代官屋敷です。

町中を流れる宮川。緑が多いのがいいですね。

ご当地の名産の飛騨牛を食べなくては、と、歴史的町並みからちょっと出て商店街の一角で飛騨牛のマリネ定食。牛肉を生で食べたのは初めて、マグロのトロみたいな感覚かな。案外あっさりと食べられました。

橋のたもとにあった名物団子屋さんでお団子を買いました。昔夫が行ったころは90を越えたおばあさんが店主だったそうですが、このときには代替わりしていました。

有名な高山祭りで活躍する山車の倉庫も見ました。立派な山車を収納するため、さすがに2階くらいの高さがありました。夫の説明がなければ見逃して通過していたでしょう。

……ということで、13時40分発の特急ひだ10号に乗って帰途につきました。

名古屋からのぞみ37号に乗り換え、岡山で在来線に、倉敷帰着は18時39分でした。

立山・黒部の旅　その1

２００７（平成19）年10月13日（土）、朝7時過ぎに倉敷を出て岡山発8時6分ののぞみ2号で出発。

天気予報に傘のマークはないのがうれしい。今回は乗り換えの多い旅です。9時45分名古屋着。これが1回目の乗り換え。10時ちょうど発の特急しなの7号に乗るホームで駅弁購入。松本に11時59分に着くまでに食べる。夫は名古屋名物「ひつまぶし」、私はそれでは野菜がないので「名古屋満載」という鶏めし入り幕の内。

松本から大糸線に乗り換え12時10分発の普通電車、13時01分信濃大町着。乗り換えのバスまで30分あったので夫がりんごを送りたいと、駅前の売店で聞いて徒歩5分位の果物屋さんへ。人のよさそうな熟年女性2人、「信濃スイート」と「秋ばえ」という銘柄。「今朝取れたばかり」と言うのを自宅と娘、それに義母のために泊まりに来てくれている義妹の家へ送りました。夫は自分が食べる分として1山4個を買ったら、「おまけです」と1個もらい、5個を持って歩く羽目に。それなら4個も余分に買うんじゃなかった。

再び駅に戻るとバスには行列ができており、立つことはなかったものの満席。中は暖房がよく効いておりこれからの高地の寒さを予感させるようでした。夫は車内で早速りんごを試食、「うんまい〜」。14時10分扇沢着。ここからが「立山黒部アルペンルート」の始まりです。

総延長37・2km、標高差2、000mの年間100万人の観光客で賑わうコースだそうです。扇沢から反対側の立山までは同じ会社が運営していて切符も一度買えば乗り換えにも買い直しがいらないのは助かりました。吉村昭著『高熱隧道』や石原裕次郎の映画『黒部の太陽』にも描かれた黒部ダム工事用のトンネルは、トロリーバスで抜けて行きます。乗り場には5台位並んでおり大勢の乗客をさばいていました。トンネルは単線なので中央に行き違いのための広場がありました。紅白歌合戦で中島みゆきが『プロジェクトX』のテーマ「地上の星」を歌った場所かなと思います。バスは15分位でトンネルを通過。

黒部ダムには14時46分着。右手に300段あるというダムの展望台への階段、途中地中深くからの湧水がありちょうど空容器があったので詰めていきました。不純物がほとんどないということで夜ホテルで飲むと非常においしかったです。上までたどり着いたら目がくらむような高さでした。どうどうという音と共に放水が行われていて、それもあと3日で終わるとのこと、いい時に行けました。

写真屋さんが台の上からダムをバックに写真を撮っており、瞬時にパソコンへ転送してプリントし、台紙につけて1、000円。高いと思いながらも記念なので買い求めました。降りるのはダム湖を見下ろす壁についた階段で、年老いたお母さんの手を引く娘さんの姿も。お母さんもよくぞここまで、という足取り。

やっとダムの堰堤の上にたどりつき、向こうへ歩いていると、中国語（台湾語？）を話す団体の多いこと。それと向こうから来る人来る人、温かそうなコートに身を包んでほとんど真冬の装い。上は寒そう。下を見るとダム湖のダム際には流木がぎっしり。高い山々からの流木は集めてチップにして肥料にするそうです。ここの景色はまだ紅葉は始まっていませんでした。

ダムの堰堤の向こう側に着くとまた乗り物がありました。トンネルの中を進む、階段状のケーブルカー。ここで私たちもそれまで着ていた薄い上着から裏つきの冬のコートに着替えました。着いたところは黒部平。ここから大観峰へはロープウエイ。降りる人の中に2人の車椅子の人がいました。職員は慣れたもので、「後ろ向きで」と介助者に声をかけさっと手助け。大型のゴンドラで30人くらい乗ったでしょうか。ここからの眺めが圧巻でした。緩やかに広がる谷の起伏に沿って、もう見事な、それは見事なもみじの錦。みんな歓声を上げるほどでした。

大観峰からはまたトンネルの中をトロリーバスで、着いたところがこのコースで最も高い室堂です。室堂へ着くと、宿泊予定のホテル立山は通路づたいに3分ほど、外へ出ずに行けるのでした。バス乗り場で、新幹線の中で見かけていた熟年女性グループにまた遭遇。その人たちはもう少し下ったところに宿を取っているそうで、そこでお別れ。

ホテルは満室のようでした。荷物を置いてから夕暮れ近い外へ散歩に行ってみました。初めて見る室堂の景色は、もう初冬の様相で荒涼とした禿山といったイメージ。40年位前に来たことがある夫は、もっと山が緑だったように思うのに、と言っていました。人が4、5人並んで歩けるくらいの幅の、でこぼこの石畳の道がどこまでも続いて、古い室堂まで行っていました。山の上に帯状にピンクの残照が見えました。山小屋の原点みたいな建物を見るころには薄暗くなっていました。

この日の歩数計は11、417歩でした。

立山・黒部の旅　その2　宇奈月温泉~トロッコ列車

２００７（平成19）年10月14日（日）、ホテル立山からみくりが池方面へは朝の散歩、９時過ぎ高原バスに乗り終点の美女平まで50分の乗車、そしてケーブルカーでトンネルの中を通り立山駅へ。富山へ行きお城見物などして宇奈月温泉へ泊まりました。10月15日（月）、旅の３日目宇奈月温泉の朝です。前日９時ごろ寝たので午前３時ごろ目覚めてしまい、24時間入浴できると聞いていたので５時になるのを待ってお風呂へ。なんとすでに10人前後の人が入っていましたが、私が入っているうちには２人くらいになっていました。明るくなっていく窓の外を見ながら命の洗濯とはこういうことかなと、ゆったりと浸かりました。

８時17分のトロッコ列車に乗るため７時に朝食。朝食後少し小雨が降って、心配しましたが幸いすぐにやみ、天気予報では宇奈月の降水量はゼロとなっていたのが不思議でした。宿の人が駅まで送迎車で送ってくれました。トロッコ列車の駅は電鉄富山線とは少し離れた場所にあります。

放射状の改札口に順番待ちをしているとどんどん行列ができました。シーズンですからね。

13両編成のトロッコ列車、窓ガラスなしのオープンのものと、ガラス窓ありのもの、サンルーフつきのと3種類の客車。私たちはサンルーフつきのパノラマカーでしたが、上を見ることはないので普通の客車で十分で、日が当たると暑いのでかえって逆効果でした。気温11℃（欅平）、満員のお客。

約1時間のトロッコ列車の旅は日本一深い渓谷美、紅葉はまだでしたが緑色の川をはるか下に見ながらの道中。途中要所要所で説明が流され、「仏石」「出六峰」「東鐘釣山」などの風景やダムや発電所、谷を流れる緑色の谷川の流れを楽しみながらゆっくりの電車を楽しみました。

コンクリート製のトンネルが線路沿いに設置されています。説明によると、雪で電車が通れなくなる冬季、ダムや発電所に出勤するための歩道だそうです。こんなに遠いのに暗いトンネルを歩いて出勤とはご苦労なことです。所々に小さな窓代わりの穴が開いていました。途中駅はダムなどの職員以外乗り降りできないようで、鐘釣駅では川辺に露天風呂があるせいか団体が多勢乗り降りしました。

終点の扇平には20分しかいられず10時01分発ので帰ってきました。空っぽの車両があると思ったら、途中駅の鐘釣からどーっと帰りのお客が乗り込んできました。すれ違う列車の乗客たちの多くがこちらに手を振っていました。こっちもうれしくなって手を振りました。こんなのどかな交流ができるのも狭軌ののどかなトロッコ列車ならではでしょう。ダム工事や発電所関係のための線路を利用させてもらいこのようなめったに来られない地に来られたんだなと感謝しました。

さて、昼食は宿の仲居さんが駅前の釜飯の店に電話予約してくれるはずだったのが朝早くて店の人がいなかったそうで、炊くのに30分かかるというので時間がなく、駅のそば屋に入りました。「富山名産の白えびカレー」を食べましたが話の種というだけで殻がふしゃふしゃしてさほどではなし。そこのオバサンの話が面白く、「店のオーナーが白エビは普通掻き揚げにするのをカレーにしたんだけど、おいしかった？　冷凍物をカレーにしてるんだから、本当は3月から6月ごろに生のを食べたほうがいいよ」とか、「10数年ぶりに黒部ダム方面へ行ったら台湾人団体に2度も3度もカメラのシャッター押すの頼まれたのと、室堂あたりの道が広く立派になっていたんで驚いた、1人か2人がやっとの道だからよかったのに、あんな道にして行きやすくするから植物は枯れ雷鳥はいなくなるんだわ、昔は雷鳥だってすぐそばにいたんだよ」と憤慨していました。

宇奈月を12時07分の普通電車で発ち、13時40分に電鉄富山駅に到着。普通電車、乗ってる時間が長くて夫はトイレに行きたくなり、車内にトイレはなく停車する駅は古びていて設備もなく、まったく困りました。トイレのついた車両が必要と感じました。

電鉄富山駅からＪＲ富山駅まで移動、富山発14時12分の特急サンダーバード32号に乗り込み、新大阪に17時30分着。夕焼けがきれいでした。ここで帰りを待つ家族の分も駅弁を買い込み、17時51分発ののぞみ39号に乗り18時37分岡山着。最終日の歩数は6、０６２歩でした。

秋の気まぐれ旅　尾瀬へ

２００９（平成21）年9月27日（日）、朝8時に老神温泉の宿を出て、片品村へ向かいました。片品村の戸倉というところに、尾瀬へ行く人のための大駐車場があり、乗り合いバスやタクシーに乗り換えて鳩待峠まで行くのです。広々とした駐車場に9割がたの車が入っているのにびっくりしながら、マイクロバスに乗車。１人片道９００円。駐車料金は1、０００円。さすがに皆さん帽子にリュック、杖、靴と登山スタイルで装備もしっかりした人ばかりでした。バスはダイヤなどはなくシーズンの日曜日とあって、満席になり次第どんどん出発していきます。20数分ほど、曲がりくねった山道を登っていきます。紅葉が始まっていて、ウルシの真っ赤な葉がとてもきれい。

鳩待峠で私たちを待っていたのは、片品村山岳ガイド協会のガイドさんでした。旅行の予習に雑誌「るるぶ」を見て、「鳩待峠から尾瀬湿原の竜宮という地点までの往復コースに限り3人までなら6、０００円でガイドする」（8月以降のオフシーズンに限る）というのを見つけて申し込んでいました。薄いメッシュのシャツとその下に保温用の下着の2枚しか着てない、という、すらりとした長身。半日の行程にしてはえらく大きなリュックを背負っていました。登山道具一式かな？

まずは尾瀬の入り口の山ノ鼻までこの標高1、592ｍの鳩待峠から1時間ほど下っていくのです。靴の裏をマットでぬぐって、外来種の植物の種を持ち込まないようにとのこと。すでにその付近にはなんとコンフリーが生えていました。最初はごろごろした石の階段で、足をとられないように下ばかり見ていましたが、そのときすれ違った若い女の人はとがった高いかかとのミュールを素足で履いているのを目ざとく見つけたガイドさん、眉をひそめていました。「捻挫したら1人では帰ってこられないですから、はた迷惑です」そのうち木の階段となり、それからずっと木道になりました。

尾瀬への下り坂は所々紅葉した素晴らしい自然林で、林の下草の普通の熊笹、と思ったものは千島笹、北方系のものでした。紅葉一つとっても、鳩待峠までのバスでみかけた紅葉は主としてウルシでしたが、赤くて丸い亀の甲羅のようなオオカメノキは朱色、クロモジの木や山菜にもなるコシアブラは白っぽくなったり、楓でも場所によって黄色くなったり赤くなったり、緑の葉が突然のように赤くなる部分があったりすることを教わりました。ちょうど木の実が色々あって、とげとげのある実がはじけてぶら下がる真っ赤な実をつけるツリバナ、黒くてつやつやしたクロモジの実、などが見られました。

また、木では黒部峡谷の名の元となったクロベ、別名ネズコという木は、まっすぐで丈夫で腐りにくいため、このあたりの山小屋の土台や柱・梁・屋根葺きなど、昔はすべてこの木で作られていたそうです（現在では保護区のため伐採禁止）。

木肌にはマイナス25度以下に下がると出来るという、凍裂で裂けた跡。１９６６年と年号まである落書きの傷跡も。最近ではマナーが向上してこんなこともなくなったそうですが、名前まで「中村」と彫っていて、もう一度ここに来たら40数年前の落書きをどう思うでしょうか。

あちこちに咲いている、楓のような葉っぱできれいな青紫色の花は、猛毒のトリカブトだそうで、葉っぱがニリンソウとそっくり、しかもニリンソウの側に生えることが多く、ニリンソウは山菜として利用されるのでとても危険なのだそうです。もしも山菜としてニリンソウをもらっても食べないこと。

有名なミズバショウは、その芯の部分の実がトウモロコシ状になり、熊の大好物だそうで、踏み荒らした跡も見られ、熊よけの鐘を鳴らして通る箇所もありました。熊は、高い木にも実を食べに上るので、その時落とした枝が枯れ枝となって途中に引っかかっているのも教えてもらいました。

説明を聞きながら鳩待峠から山ノ鼻の山小屋へ到着。ここでトイレ休憩。トイレはこの先竜宮の山小屋までありませんので、とても重要。そのあたりですらりとした若い女性とすれ違い、ガイドさんが挨拶をするので、聞けば環境省のお役人だそうで、とても性格がよくて地元の人の受けもよく、彼女が来て尾瀬が変わったのだそうでした。

山ノ鼻からがいよいよ尾瀬の湿原の始まりでした。入り口にセンサーが取り付けられており、何人が入って、何人が出たかを正確にカウントできる仕組み。

尾瀬は上のほうの尾瀬沼と、この尾瀬湿原とがあり、湿原は幅２㎞、奥行き６㎞だそうです。元気な若者なら１日で一周できるかもしれないとのことでしたが。山ノ鼻までの往復で３時間かかるので、私たちは体力を考慮していただいて入り口から３分の１くらいの牛首という分岐のあたりまででお弁当を食べて引き返すことになりました。

牛首を過ぎるあたりでは木道がかなり傷んでいて、泥炭に杭が沈み、板が段差になってつまずきそう。所々新しい杭で修理されていたのは、先ほどすれ違った若い女性の環境省のお役人が上に訴えたおかげではないかということでした。

この木道は、分厚い幅25㎝、長さ４ｍの唐松、それもこの近辺の木材で出来ていて、なぜかというと、外国の材木だと中に虫の卵が産み付けられていて繁殖する恐れがあるためだそうです。そしてそれは全部ヘリコプターで持ち込まれ、朽ちて取り替えるときも、ゴミを一つも残さないように再びヘリで吊り上げて持ち去られるのだそうです。この大切な自然を後世に伝えるための努力をしているのです。

秋の気まぐれ旅　尾瀬２

２００９（平成21）年９月27日（日）くもり、尾瀬散策の続きです。
尾瀬湿原は真ん中あたりと、周辺の川が流れる部分とは土壌が全く違うので、川の周辺には白樺などの木も生え、ミズバショウもあるのですが、真ん中の湿原はpH４くらいのレモンに匹敵するような酸性土壌で木も生えないとのこと、ところどころにある池塘《ちとう》は、雨水がたまったもので、川より水位が高く、中に浮かぶ浮島は泥炭のメタンガスがたまってそこの泥炭が浮き出たもの、厚さ30㎝になるまでには４００年かかっているそうです。この泥炭というのは、年平均気温が４・５℃という尾瀬では４ｍの厚さに堆積していて、その厚さになるまでになんと約７、０００年かかっているとのこと。

水面にはヒツジグサが一面に睡蓮のような平らな葉を浮かべていました。ところどころに咲いていた紫の花はエゾリンドウ、北のほうの植物だとわかる名前。もう枯れていましたが、一面モウセンゴケという場所もあり、昆虫も多いそうです。湿原にはトンボも種類が多く、下のほうの片品村には赤とんぼやシオカラトンボがたまにいるくらいなのに、尾瀬には34種もいるそうです。途中の池塘の一つに、それまであったヒツジグサとよく似ていて少し大きめの葉が浮かんでいましたが、それは氷河時代の遺産といわれているオゼコウホネだそうでした。池塘の主役とのこと。

行く手背後の至仏山《しぶつさん》は標高の半分くらいまでは酸性土壌で花崗岩、中ほどから上は強いアルカリ性土壌で蛇紋岩でできており、木も生えてなく、登山は尾根道で吹きさらしだそうです。正面には燧ヶ岳《ひうちがだけ》、東北地方の入り口、福島県の山で、北海道・東北地方では一番高い山。池塘のうち1ヵ所だけなぜかヒツジグサの生えていないものがあり、水面が静かだとここに燧ヶ岳の影が映るそうです。

体力を考えてそこらあたりで引き返しましたが、尾瀬の風景は入り口と奥でさほど変わらないとのことでした。

往路でトイレ休憩した山ノ鼻からは見本園として丸いコースがあり、そこも色々あって楽しいと、ショートコースを案内されました。ミズバショウの群落があり、花が中央の湿原よりやせた土地なので小さいけれど一面に生えていてそれはきれいで、その後に咲くのがあやめの仲間、そのあとにニッコウキスゲの花だそうで、時期時期で全く違う花が一面に咲いているそうです。尾瀬のリピーターが多い理由なのでしょう。

この山ノ鼻からの見本園のほうには観光客がなぜかほとんど来ないので穴場かもしれないとのこと。皆さん湿原の広いところを目指されるけれど、ここにも尾瀬の植物と変わらないものが生えているので手っ取り早く尾瀬がわかる場所だとのことでした。牛首までの道では咲いていなかったウメバチソウが、ここでは咲いていました。ここでもいたるところでミズバショウの芯の部分を熊が食べたあとが見られました。また、見本園では、鹿の足跡や食害のあとも見られ、日光で増えすぎた鹿が、本来鹿がいなかった尾瀬にやってきて食い荒らすので困っているそうでした。

詳しいガイドのおかげで大変楽しい尾瀬散策となりました。山ノ鼻の山小屋を去ろうとするとき、「花まめジェラート、食べてみましたか?・」といわれ、せっかくなので、500円で買って食べました。私はその紫花豆を蒜山高原で買ったことがあったのですが、ガイドさんによると、平地では花が咲いても実がならないそうで、この片品村の特産品になっており、その豆を利用した名物だそうです。2008(平成20)年7月20日(日)には1日売り上げ数が1、163個を達成し、用意したものが足りなくなって急いで人の手で運び上げたそうです。

最後の上り坂で、見上げるような高さの背負い子を背負って帰って行く若者たちに先を譲りました。山小屋に荷運びをする人たちで、ヘリで荷運びするにも彼らの仕事が毎日あるようにと残しているのだそうで、食料品や生活物資を運び上げ、生ゴミまで含めたものを運び下ろす彼らの仕事なしには山小屋は成り立たないそうでした。売店の品が少々値段が張るのも当たり前ですね。

上り坂の途中、10人くらいのグループの中の10代くらいと思われる若者が足を痛めた様子でへたりこんでいて「山を甘く見ていたなあ」、グループの人が困って取り囲んでいたのを見たり、湿原の木道で70代後半かと思われる男性が平衡感覚を失った様子でよろよろと手を引かれて帰っていくのを見たり、若い女の子が素足に細いヒールのミュールを履いているのを見かけましたが、ガイドさんが「捻挫すると周りの人に迷惑をかけるのに」と言っておられたことが思い出され、標高1、400mの「尾瀬は山だ」ということ、1に体力、2に装備、3に知識が必要、ということがよくわかりました。

尾瀬／夫婦でのスナップ

秋の気まぐれ旅　上高地　白川郷　五箇山・相倉集落

２００９（平成21）年９月29日（火）、上高地の朝は雨でした。朝の散歩のときは小雨でしたが、出発のころはまたかなりの降り。傘をさして徒歩約10分の帝国ホテル前バス停まで歩き、バス停が近づいたころ、たまたまタクシーが通りかかりました。沢渡《さわんど》にマイカーを置いて上高地入りするお客を送って来たらしいのですが、乗らないかと言われ、平湯まで乗せてもらうことにしました。おかげで雨の中でバスを待たずに済みました。安房トンネルを抜け、平湯バスセンターへ。ここは２００６（平成18）年５月に上高地へ来たときにも行きと帰りに立ち寄ったところ。

高山バスセンターで、待っていた観光タクシーの運転手さんと出会いました。Nさんは富山県高岡市のタクシー会社の観光乗務員とのこと。高岡は夫の独身時代の勤務地でもあったので話が合い、半日を案内してもらうことになりました。最初は高速道路を使いましたが、あとはトンネルばかりで楽しくないとのことで、一般道。その道沿いに、かつてドラマにもなった、バスの運転手さんが自分の職場でもあった沿道に桜の木を植えて行った、という話の元となった桜の古木があるというので案内してもらいました。荘川桜といい、ダム湖に沈む運命になった2つのお寺にあったアズマヒガンザクラの推定450年の古木で、40トンもあったのを枝を払って岸辺に移植したものだそうです。根付くか心配されたそうですが、今では再び花を付けるまでになったとのこと。高速道路のほうを多くの観光バスが行くようになってこちらは少なくなったのが却ってよかったとのこと、ここはタクシーでないと見せてもらえない場所だそうでした。

庄川沿いに下っていきます。次は岩を積んで作ったというロックフィルダムの御母衣《みぼろ》ダム。ダムの下方正面が見えてきますよ、というので止まって見せてくれるのかと思っていたら通過してシャッターチャンスを逃しました。

白川郷に着いたときも雨。まずは合掌集落のメインストリートを抜けて、城跡の展望台へ。よくカレンダーなどの写真に使われている有名な風景が眼下に広がっていました。雨が激しくなりかかったころ、外国人男性と日本女性のカップルにシャッターを押すのを頼まれ、私たちも写してもらいました。タクシーは白川郷の川向こうの駐車場に止め、つり橋を渡って白川郷散策を約2時間。食べるところといってはお蕎麦屋さんが多く、うどん好きの夫には不満でしたが、うどんも出すお店を見つけて軽くお昼。食べ足りなかった分を飛騨牛の串焼きとコロッケを売るお店を見つけて解消。

その後合掌造り民家の中を拝見。1階部分が居住区で、囲炉裏を年中燃やして煙をすのこ状になった天井へと流し、茅葺屋根の乾燥や防虫になっているというのを実際に目で確かめました。囲炉裏の上には火の粉が上に飛ばないようにと板がつるされていました。

2、3、4階へは急な階段、というよりは梯子といったほうがいいものを上っていきます。観光客用に板を張ったそうですが、昔は竹のすのこになっていて、根太にあたる木の上を歩いていたそうです。突き破って落ちたらと思うと、「おお怖い」。2、3階部分は農機具を展示してあったり、柱のない構造材の説明があったりしていました。私は最上階の三角の部分を見たかったので、ここで願いがかないました。去年葺き替えたばかりという神田家住宅では、真っ黒にすすけた太い材木を束ねているのは真新しい縄で、三角の棟のてっぺんのところの窓ものぞかせてもらいました。

相倉集落

2時に迎えに来てもらい、次の五箇山へと向かいました。運転手のNさんが一番好きなのはむしろ白川郷よりは相倉《あいのくら》合掌造り集落だそうで、行ってみて納得。観光客もまばらで、自然な起伏に富んだ中にはお店も2軒だけ、あとは静かにたたずむ家々。やっと雨も小降りになり、たなびく雲もいい感じ。これらの家々は、硝煙の製造や和紙、養蚕で生計を立てていたそうです。家々の横には、高低差を利用して農業用のため池から水を連続50分放水できるように放水銃が設置され、世界遺産を火災から守っていました。「本日の1枚」ともいえる私なりの傑作写真がここで撮影できました。

高岡の旅　砺波チューリップフェア

2011（平成23）年5月3日大型連休、急に思い立って夫の独身時代の思い出の地、富山県の高岡に一泊しました。高岡のホテルでポスターを見かけ、「そうだ！　今は有名なチューリップフェアをやっているんだった！」と気づき、さっそく朝食を取ってから7時半くらいに出ました。砺波は高岡から南へ30分くらい。

近くに行くと駐車場の案内看板が出ており、一方通行で長い長い道順に沿ってぐるぐる周辺を回ってやっと駐車場へ。そのあたり一帯均一料金らしく、400円いただきます、とのこと。会場までしばらく歩き、当日券の行列の最後尾につきました。朝8時半くらいだったのに、長い行列、私たちのすぐ前はブラジル人だかの外国人グループで、女性は3人ともタンクトップみたいなものを着ていてまあ寒いのに元気なこと。子供はキルティングの上着を着せてもらっているのに。

やっとゲートにたどり着きました。切符を買い、ゲートをくぐりました。

ゲート前広場は正面にチューリップ型の塔が建っていて、上から見るのがたぶんいいのでしょう。大勢が入っていました。で、私たちもその塔へ登るための行列の最後尾につきました。

最初は緩やかなスロープ。上に行くにしたがって見えてくる周囲にはチューリップ、チューリップ。チューリップの形のてっぺん部分から人がのぞいているのが見えました。上から見下ろすとモザイク模様。赤いチューリップ畑に「ん？」黄色いのが1本あり、どこで紛れ込んだのでしょう。

てっぺんから見下ろした風景は、チューリップの花のモザイク模様が大変美しかったです。第60回だからハートのマークの中に60と書いてありました。植え込み作業はさぞかし大変だったことでしょう。

塔から降りて見下ろしていたモザイク模様のチューリップ畑の中のアーチをくぐる道から見た所。赤がやっぱりきれいかな。

イベント広場では、ソフトバンクモバイルのCMシリーズのお父さんでおなじみの白い犬、北海道犬のカイ君がゲストとのこと。飼い主の女性に連れられて登場、台の上に上がると、すごいカメラの放列。ほとんどの人が携帯電話のカメラを向けていました。彼は有名ですものね。

「おとーさーん！」

チューリップにも百合咲きのやら牡丹みたいに八重に咲くものとか、枝分かれして咲くものとか色々あります。

イベントできれいな歌声を披露するお姉さん、お兄さんたちがステージに向かうため、きれいなロングドレスの衣裳を着てしゃなりしゃなりと歩いていくのにも遭遇。

ちょっと休憩はご当地ソフトクリーム、当然、チューリップソフト。味は？　うーんこれがチューリップなのかあ、といった感じ。

子供歌舞伎の役者さんたちの顔見世の行列がありました。無料で披露するのだとか。なかなか豪華な衣装でしたし、演技もしっかりできるんだろうな。

オランダ風庭園や、お花を使ったモザイクのコンクールなどの場所もありました。色々堪能しました。

高岡の旅　国宝高岡山瑞龍寺ほか

砺波チューリップフェアを堪能した後、高岡市内へと帰り、有名な瑞龍寺へと向かいました。瑞龍寺は高岡の町の開祖加賀2代藩主前田利長公の菩提を弔うために3代藩主利常公によって建立されたお寺です。

禅宗のお寺で、永平寺に50人の僧がいるときこちらには200人いたこともあるそうです。山門を入ると中は広々とした芝生の中庭になっていました。木を植えるでもなく芝生広場というのは知る限り珍しいしつらえではと思われました。

ボランティアガイドによる説明を受けているグループがあったので私たちも早速混ざって話を聞いていきました。建物の裏手に石造りの建物が5つ並んだお墓がありました。右側が2代目利長公の石廟。朝鮮式になっていて、朝鮮人の石工によって建てられたものらしいとのこと。朝鮮半島にあるものと同じ建て方なのだそうです。右端の物だけ仏様のレリーフが施されている豪華なものです。

本堂へと広くて立派な回廊が中庭を囲むようにありますが、その中を通ってみると、窓の扉は雨戸が2枚、障子が1枚だけ入っていて、雨戸を片側に引くと障子は1枚しかいらないという合理的なものだそうです。また、敷居には雨水を外へ逃がすための穴が開いていて、アルミサッシのメーカーもこの真似をしているのではということでした。

僧たちの食事を作ったお台所もありました。学校給食と同じくらいの大きな大きな羽釜と、お鍋がかかっているかまどがありました。火を焚きつける人が便利なように焚口は湾曲しています。かまどの背後には流し台があり、たぶん典座という役のお坊さんが大勢ここでかいがいしく精進料理を作っていたのでしょう。


また、写真には撮りませんでしたが、そこで生活できるようになっている禅堂があり、1人分のスペースは一畳弱、壁際に戸棚があり、前は土間、堂の周囲は土間の廊下になっていて「歩き禅」というのが出来るようになっていました。一呼吸で1歩なので一周するのに30分くらいかかったそうです。

また、廊下に面しても座禅をする濡れ縁みたいな形式のスペースがあり、畳がはめ込まれていましたが、その前の板の部分は食事のためのテーブルにもなるので、腰かけやすい高さだけれども腰かけてはいけないとのことでした。

親切なボランティアガイドの女性について歩いたおかげで色々詳しく教えていただけて、大変ありがたかったです。


レンタカーは24時間契約で借りたので延長料金がもったいなくてお昼で駅前の店に返却。

歩きだして駅前の公共施設らしい建物に入ると、切り花のチューリップのコンテストが開かれていました。これは素人の出品でしょうか。いろんな種類の切り花のチューリップもまたきれいでした。

おなかもすいてきて色々と商店街を物色しましたが土地勘もない者の歩きではなかなか飲食店も見つからず、ごくごく庶民的な小さなお店で日替わり定食をいただきました。サーモンフライでした。

食事を終えて出てみると駅前のデパート前広場では、獅子舞の大会が開かれていて、すごい人出でした。出番を待つお獅子の一行が子供に獅子頭でかぶりつく動作をすると怖がって泣きだす子もいました。

広場に出ました。大人から子供まで町を挙げての獅子舞チームの登場です。建物の上の方から高みの見物をする人を含め、それはそれは大賑わい。ぴーひゃらドンドン、お囃子もウキウキするようでした。

駅舎の前の広場でも、別の団体の獅子舞が披露されていました。

高岡駅から帰途につきました。一泊旅行も終わりに近づいています。

琵琶湖は靄にかすみ、見えませんでした。6時半過ぎの乗り継ぎの大阪駅で買った駅弁は、きれいで期待したのでしたが、味はあんまりおいしくなくて残念。ひじきも甘味が足りず、なにかふんわりした出汁の味がなかったような気がします。
一泊でしたが、夫の若いころをたどる旅はこれで終わりました。

四国地方篇

瀬戸大橋　さぬきうどん　屋島の古戦場　水族館

２００６（平成18）年8月15日、夫がお世話している中国人女性で来日6年目の李さんとその彼氏の呉さん、トリマー（つまり犬の散髪屋さん）志望の若い韓国人女性のイ（李）さんを案内して四国へ行ってきました。

男性の呉さんは北朝鮮までたったの50ｍほどの距離の川を挟んだ吉林省の延吉の出身で、人の姿も見えるほどだったそうで、子供はそっと泳いで中国に遊びに来てまた帰るなどということもあったとか。あまり詳しく聞くとまた国際問題に発展？かもしれず、特に終戦の日のこの日、観光目的なので難しい話は避けました。

「奥さんが来るとガイドが楽しみ」などとお世辞を言われていい気になって、藤戸の付近では、「ここは８００年昔には海だったの。源氏と平家が戦いをして、海の浅瀬を教えてくれた漁師を、秘密を守るために佐々木盛綱が殺してしまった。それを知った漁師の母が憎んで『佐々木と聞けば笹まで憎い』と、付近の小山の笹を抜いてしまった、という言い伝えがあります」などとガイド。中国人女性の李さんは彼氏の呉さんに通訳。韓国人のイ（こちらも漢字では李）さんは、来日4年目なので日本語はよくわかります。

瀬戸大橋の上はよく晴れ渡って、瀬戸内海の海の流れがよく見えました。「瀬戸内海はまるで川みたいに流れが急なんですよ」とガイド。知らない人が海水浴場の沖に泳ぎ出て流されることはよくあることです。

途中与島に降りて、フィッシャーマンズワーフにて。ここはサンフランシスコのフィッシャーマンズワーフをまねて作られたようで、瀬戸大橋のできたころはアメリカ人バンドも入って海をバックにしたステージで歌い、にぎやかでした。

外国人向けのガイドとしては、「日本の富士山は有名ですけど、どこでも富士山に似た山を何々富士というの。この山もそうで、『讃岐富士』と言うの。本当は飯野山と言うんですけど」高速道路のすぐ横に大きな「讃岐富士」の看板があります。

さらにガイド、「あの台形の特徴ある山が屋島です。あれも火山の一種で、さらさらした溶岩が固まってできたのであのような形になったの」

「日本一大きなうどんや」という屋島ふもとの「わら家」へ。お盆なので10ｍくらいは行列がありましたが、どんどん前へ進み、割合すぐ座れました。店内とにかく満席。

天ぷら2皿と家族うどん（約4人前）と、ざるうどん1枚頼みました。一升徳利がつゆの容器。しかしこのたらいの家族うどん、夫が言うには昔より味が落ちたそうです。腰が少し弱くなり、つゆの味が落ちたとか（個人の感想です）。ザルのほうは腰もしっかりしていて、こっちのほうがおいしかったです。

屋島へと登る途中の高台から下を見下ろしたあたりはすっかり陸地になっていますが、屋島の合戦の古戦場です。右下あたりに義経が弓を流して必死に拾い上げたと言うエピソードのある地があるそうです。

車を停めて私たちが説明版を見たり記念撮影したりしていると、「なんだろう」というわけで、後から3台ほどの車が停まりました。私たちが停まってなかったら、たぶん通過したんでしょうね。

山頂の建物の壁に那須与一の大きな絵。中国人にもその「扇の的」のエピソードを車中でガイドしました（これは中学2年の国語の教科書に載っている古典だそうです）。那須与一が船の上に立った女官の持つ棒の先にはさまれた扇の的の要近くを射抜いて、滅ぶ平家の象徴ともなった紅の扇のひらひらと輝きながら海に落ちるさまはうまく通訳されたかどうかわかりませんが。

駐車場から水族館までは徒歩で400m。木陰で涼しい道でした。セミが各種鳴いていて、韓国ではミンミンゼミしか聞かないのにこちらのセミは音がすごい、とのこと。

途中にかわらけを飛ばす場所があり、そのところは木陰もなくとにかく暑い。おあつらえ向きの茶店にはかき氷が!! と言うわけで初のかき氷。3人はいちご、1人はイチゴミルク、私は宇治。あー、生き返った。

水族館では呼び物の電気うなぎやドーナッツ型の回遊魚の水槽を見たり、よく訓練されたあしかのショーを見たりしました。特に3頭目の「学校に遅刻したあしか」さんが、私たちのすぐ横の客席側から滑り込んできてプールにどぼんと入ってから駆けつける場面がよかったです。おまけに遅刻して立たされて、本当に立ったのにはびっくりでした。

帰りにはお客様3人は疲れて後部座席でぐっすり寝ていました。

夕陽の瀬戸大橋は絶対にお勧めなのですが、まだ4時前だったのでそれには早すぎました。

彼らは前日に倉敷美観地区に行ったそうで、大原美術館の入場が4時半までで入れなかったのでまた行きたいとのことで、大原美術館の近くまで送りました。

鳴門市　BANDOロケ村とドイツ館

２００６（平成18）年９月30日（土）、暑いくらいのいいお天気。映画『バルトの楽園《がくえん》』のロケセットが公開中と知って、行ってみました。

第一次大戦の捕虜として日本各地にドイツ兵が収容されていたこと、そのなかで坂東の捕虜は所長の裁量で、パンを焼いたりスポーツをしたり音楽会を開いたり新聞を発行したりと自由な生活をしていたことを数年前に徳島へ行ってドイツ館を見学したときに知り、とても感動しました。日本最初の第九の演奏会はそうして行なわれたのです。その実話を元に、松平健さんが所長の松江豊寿《まつえとよひさ》役を演じて『バルトの楽園』という映画が作られました。

10時20分出発、早島インターから瀬戸中央道へ。10時54分坂出インターへ、４、１００円でした。高松道へ入ります。11時46分、津田の松原ＳＡで休憩、サービスカウンターで、板野インターで降りるように教えられました。12時３分、板野インター、２、１５０円。インターを降りてから左へ曲がり、しばらく行くと、「ロケ村はあちら」、と表示があちこちに出ています。

とりあえずその道沿いロケ村方面へ曲がらずに少し行き過ぎたあたりにうどん屋さんを発見し、昼を食べました。このあたり、ほとんど食べるところはありませんので、ここでありつけてよかったです。よくあるセルフ方式で、大・中・小の分量を言って麺を入れてもらい、天ぷら類のトッピングを自分で加えて、最後にお金を支払う方式。

その道から少し戻って右折、北上、最初に左手に元の収容所跡地と、日本の収容所で亡くなったドイツ人捕虜の墓碑を見学に行きました。基礎部分と見張り台のようなのがわずかにそのなごりでした。木々は育ってうっそうとした森のような公園になっていました。そこから１５０ｍくらい山手に行ったところに高さ４ｍくらいの石碑、第一次大戦のドイツ人捕虜の慰霊碑がありました。

そこからもとの道へ出て北へ行くと、左手にドイツ館と、道の駅があります。私達は以前行ったことがあったので先にロケ村へ行きましたが、このドイツ館は映画を見てない人も見た人も見学してからロケ村へ行くと、よくわかっていいのでお勧めです。大人４００円ですが、ロケ村との共通券もあります。収容所全体の模型やら、収容所の個室の模型、収容所の暮らしの様子が模型で展示してありました。そのほか所内の印刷所で刷られた謄写版多色刷りの音楽会のプログラム、捕虜たちが実際に作った家具の展示、元捕虜たちとの交流の様子などがあります。

道の駅では、ご当地シャーベットとしてスダチや鳴門金時なども売っていました。

ロケ村は、大麻比古神社の駐車場に車を止めて徒歩5分くらいの所にありました。見学の所要時間は約1時間。

入ると坂東の民家のセット。郵便局だの駐在所だの。そして、捕虜収容所の門。歩哨の立つ小屋が最初にあり、それからバラックの兵舎。学校の校舎みたいな細長い建物が続き、一番奥には印刷所のバラック。内部の小道具もそのままになっていて、日本製の謄写版で多色刷りのポスターや音楽会のプログラム、新聞も発行された、という史実に基づいて細かく作られているのに感心しました。

さらにその右手にはパン工房。レンガ造りのパン焼き釜やら、粉や麺棒などもそれらしく置いてありました。

さらに浴場だとか酒保《しゅほ》（酒場―確かマンガの『のらくろ』にも出てきていたと思う。時代が一緒くらいか?・）、鶏小屋、木製の細長い洗面台、バラックの個室のそれぞれのしつらえまで再現されていました。

ここ坂東の所長の松江豊寿がいかに彼らの人権を尊重したかがわかります。もともと音楽家だった人の指導でオーケストラまであり、解放される前の最後の演奏会にと第九が日本で初演されたのです。

ロケ村の外の売店ではこの収容所で作られていたドイツソーセージを復元されたものが売られていて、私はレバーケーゼという豚レバーが原料のものを375円で購入。そしておいものどら焼きアイスというのが面白かったので、200円で買っておやつにしました（2015年6月、2年目で閉園）。

その他、津田の松原ＳＡで鳴門金時芋を箱で買い、2kg入りで大きさの等級によりますが、1、500円くらいから。讃岐うどんのセットやスダチもおみやげによく売れていると思います。

香川県　満濃池　国営讃岐まんのう公園

2007（平成19）年6月10日（日）、晴れ時々曇。気温は24・5℃、暑くなく寒くなくちょうど心地よいこの日、目指したのは四国の日本一のため池、満濃池です。行程は瀬戸大橋を含めて66㎞、高速料金は4、100円。

瀬戸大橋も見晴らしよく、気分良く渡り、四国は金比羅さんの近くへ。「まんのう公園」は案内も沢山出ています。昼近くなので、やっぱりうどん屋さんを探します。満濃池のほとりの「かりん会館」で頂いたうどんやさん情報の一覧表によると、町内だけで30軒くらいのうどん屋さんがありました。中には看板も出してない普通の民家の店もあるようですが、土地不案内なので寄ったのは道沿いで看板もちゃんと出ていて適度に駐車場もある「みはら」。後で聞けば元プロ野球監督の三原さんの実家の斜め向かいでした。店内は席数がざっと40人分くらいでしょうか。セルフ方式ですが、ここは「熱いの、冷たいの、大盛、小盛」の別を言うと麺を温めたり汁をかけたりするのはカウンターの向こう側の人がやってくれ、天ぷらだの油揚げだののトッピングはセルフで、そして若嫁さん？が料金計算をしてくれます。私は熱いぶっかけ、小を注文。ちくわの天ぷらと油揚げ、それからねぎを載せてお会計。麺の腰はほどほど、熱くてフーフー言いながら食べ終え、再び満濃池を目指します。

思ったよりは遠く感じた満濃池、高い堤防のうえには3つほどビーチパラソルのアイスクリン屋さんが店開き。水面が下がり、岸辺の木の下の地面がかなり縞模様で出ているのを見て、やっぱり雨不足による水不足を実感しました。山を登ったところにある「かりん会館」2階には満濃池開発の歴史が説明されていました。山が浅く川が少ない香川県にあって、単純に弘法大師が作ったと言い伝えられているのかと思ったら、古くは鎌倉時代からずっと田畑を潤す水を得るために多大な苦労をしてこの池をつくり、決壊し、庄屋さんが私財を投じるなどして補修し、という長い歴史があったようです。しかも江戸末期までは水路の材料が木製だったために何度も何度もやり直しがあったのでついに頑丈に石で作ることになったのだとか。

そばを流れる土器川から水路を作ってこの池に水を誘導して溜めるようにしているそうで、ついこの前日に取水する許可が出たとかのニュースがあったそうです。渇水時には農業・工業用水だけでなく飲み水としての利用も迫られるそうで、命の水ともいえる大切な水です。

次に国営讃岐まんのう公園を目指しました。ここは入り口にゲートがあり、普通車は310円、人は大人1人400円。

香川県は庵治石《あじいし》をはじめ石の産地ということで、エントランスはまるで城壁みたいな石垣がお出迎え。波のうねりのような起伏のある石垣群を抜けると、大滝がありますがこの日は水不足のためバルブを締めているそうでした。両岸の花壇を眺めて通り抜けると、低い丘のある広大な芝生の広場が広がっています。公園で借りられるらしい直径70㎝～80㎝くらいの大きな赤いボールを転がして遊んでいる子供たち。凧揚げ、フリスビー、バレーボール、土手すべり、お弁当を広げるなど思い思いに休日を楽しんでいました。周辺の道路には二人乗り（タンデム）の貸し自転車に乗った人が静かに通っていきました。

トランポリンみたいな小山「ふわふわドーム」も。ぴょんぴょんはねて子供たち大はしゃぎ。帰りかけていると園内通路のそばにテントがあり、園内で摘んだハーブを使って、お顔のリフレッシュをやってくれるところがありました。気になって入ってみました。

まずはハーブを選びます。「脳の活性化・血流を良くする」というローズマリーを選びました。ボールにローズマリーを一掴み入れ、ポットの熱湯を注ぎ、湯気が出てくる2、3分くらい、頭の周りをタオルで囲って顔に蒸気を当てます。香りと湯気をたっぷり吸って、温泉気分。ほわーっとしてリラックス。無料です。それぞれ紙コップで1回分のハーブをもらってきました。私たちがやっているのを見て、後から女性2、3人連れが入ってきました。

帰途に着くと、満濃池に取水するためにここから水を引くという土器川の流れにかかる橋を渡りました。見慣れた岡山の三大河川（吉井川、旭川、高梁川）を思うと細い流れでした。山から海への距離が短い香川の人の並大抵でない水の苦労は、これを見てもわかるような気がしました。満濃池を守って来た讃岐の歴史を知ったお出かけでした。

高知の日曜市をぶらつく

2007（平成19）年11月11日（日）晴れ（現地）、高知の日曜市をぶらついてきました。瀬戸大橋は曇ってあまり視界が良好とはいえませんでした。四国山脈の下をくぐる4㎞以上もある「笹ヶ峰トンネル」ほか多数のトンネルをくぐって高知へと入りました。

これまで何度か利用した、中央公園の地下駐車場へ。エレベーターで地上に出ると、なにやらイベントの最中。いつぞやも遭遇した、高知の木材を使ったいろんな加工品のフェアみたいで、沢山のテントが立ち並び、椅子や机、積み木やら木のおもちゃを販売していました。正面のステージでは全部木で出来た楽器の演奏を披露中。

そして横のほうのテントでは竹に材料を流しては焚き火でバウムクーヘンを製作中。一見巨大なちくわ。目の当たりにしてああやって作るんだわ、と知りました。

公園出口あたりでは、木を材料に子供の障害物競走みたいなのを青年会議所？主催で実況中継つきでやっていました。途中、のこぎりで間伐材を切る競技があり、そこで苦戦していました。

そこに流れるバックグラウンドミュージック。ＣＤかと思ったら何と、中南米系の赤いポンチョのおじさん２人がパンフルートとギターをかき鳴らしながらの素敵なハーモニーで生演奏中。前になにやら毛皮製品やケーナと思しき縦笛を展示しており、それを販売中なのか？料金箱みたいなのも置いてあり、客寄せか？曲は南米の「花祭り」のにぎやかな歌でした。この曲名を思い出すのにしばらくかかりました。

さて、その歌を聴きながら商店街に入り、大丸前を右折、午後1時ごろでしたので「司」へ入ろうかと思いましたが、いつもそこというのも、ということで、その手前、角っこの店「早川」へ。「クエ」のばかでっかい魚がすぐ横に泳ぐカウンター席。夫はたたき定食1、３６０円、私は「四季の彩り」1、０５０円という定食にしました。

それから定番、日曜市へ。まずは春菊とチマサンチェの苗を購入。ついでぞろぞろととりあえず歩いてみました。土佐の海産物の干物類、手作りの変わった巻寿司、手作りのいろんな色のお餅、自作の機械編みのセーターやベストを売っているお店、みかんや柿、野菜類（見たこともないかぼちゃなども含まれる）、はたまたアケビやカラスウリ、しいの実などの珍しい山の幸、など。

高知はやっぱり海の幸も山の幸も豊富。感心しながら写真を撮りまくりました。

そして名物アイスクリンをおやつに食べ、今来た道を引き返しつつ、夫はみかんと干し柿を、私は1束80円のほうれん草、1個50円の大きな次郎柿を買って帰りました。

夫は干し柿が好きなのですが、ここでは丸い形のと、少し細長い形のを売っていて、そのどちらも見慣れた西条柿とは違うようなので、「種類は何ですか?」とそのうちの一軒の小母さんに尋ねると、

「さあ、お客さんにとても詳しい人がいて、教えてくれたんだけどね、忙しくてメモしそこなって、忘れてしまったわ。他の人のは山の中に生えている木だけど、うちのはしっかり間を置いて植えているから日が一日中当たっていて、とても甘いのが出来るよ。あ、

にぎわう露店の日曜市

この2個あげるから、来週来たら大きいのを取っといてあげるね」と、2個ただでくれました。

ゴメンナサイね、来週はたぶん来ないのに。

高知県立牧野植物園

２００９（平成21）年４月29日（水・祝）、いいお天気、気温は最高20℃くらい、この日からＥＴＣ割引が拡大されるとのことで、高かった瀬戸大橋料金がたったの１、０００円、そこで高知まで安心して足を伸ばしました。瀬戸大橋料金と高知道料金で合計２、０００円。以前は交互通行、片側１車線で走りにくかった高知道も分離されて２車線となり楽になっていました。高知市内でお昼を食べてから五台山の山頂付近にある牧野植物園へ。

入り口と思ったのは実は南門、最後にたどり着いたのが正面玄関という間違いはしましたが、入園料５００円の価値は十分にあると思った立派な植物園でした。

有名な植物分類学者牧野富太郎博士は園内の解説によると94歳のご長寿で文久のお生まれ、学制による小学校が出来たのは先生12歳のとき、11歳で漢籍や英語をすでに修めていたため、「いろは」から習うのはバカらしいと思ったのかすぐ退学されたとのエピソードも紹介されていました。若い頃のお写真をみるとなかなかのイケメン。ひたすら学問に打ち込む先生、膨大な研究費と、13人もの子供を抱え、貧乏で奥さんは大変苦労されたらしい。援助する人が現れたのは50代半ばになってから。天皇陛下の前でご進講をするなどやっと世の中に認められ生活も安定したとのこと。

そんな牧野先生を記念して没後1年の1958（昭和33）年に作られた植物園。南門からの逆コースだったので最初は大きな温室。いきなり先日の旅行で西表島のジャングルで「締め殺しの木」として教えられた「アコウ」の木が。胡蝶蘭はじめ美しい蘭の花々。温室出口近くに「シマタコノキ」。これは西表島で浦内川や仲間川を船でさかのぼった時に説明されたときの名前は「アダン」と言われたことが帰宅後わかりました。あの時は遠くからだったのにこんな近くで見られたのでした。

温室を出たところには珍しい食虫植物。それから向こうのほうを見渡すと山の景色がまたすばらしい。

ちょうどかきつばたの花が盛りで、「いずれがあやめかかきつばた」ではありませんがどれがかきつばたなんだか花菖蒲なんだか私はあまりよく区別がつかないながら、かきつばたが一番水辺に生える事だけは分かりました。

子供会と思われる団体がちょうどお弁当の時間でわいわいと楽しそうな芝生広場。少し山に登ると、ちょうどその日の地元紙の朝刊で見てきたモクセイ科の「ヒトツバタゴ」、またの名を「ナンジャモンジャ」の大きな木には白い紐状の花びらのたくさんの花が盛りでした。そこから山道に沿って登っていくと、両側はバラ。植物園らしく園芸品種よりはオールドローズの原種のような花々。山から張り出すように丸太の展望台が作られていて、それははるか向こうの鷺のコロニーを見るための物でした。見ると鷺の巣がそれはたくさんでした。

山頂近くに建物があり、その手前に牧野先生の奥さんの壽衛《すえ》さんが亡くなった後で仙台に行ったときに新種を発見してその名をつけたというスエコ笹が植えられていました。地味でしなやかで、苦労して先生を陰で支え続けた奥さんを思わせるものがあったのでしょう。

企画展として色んな植物から作られたお酒の展示。ビールに日本酒、焼酎にワインはもちろん、色々な果物から作られたリキュール、なんとカンナの球根から作られたお酒も。出口にはジンの香り付けに使われるというヒノキ科のセイヨウネズの鉢植え。

そして長い屋根のついた通路を通って本館へ。本館では牧野富太郎先生の生涯が紹介されていました。書斎で膨大な標本や書籍に囲まれながら勉強されている姿が再現されていましたが、先生の先駆的な分類学があったから日本の植物学の基礎が出来上がったとわかり感銘を受けました。

入り口脇のレストランでホッと一息入れて、帰途に着きました。

和ろうそくを求めて　愛媛県内子町へ

２００９（平成21）年7月11日（土）、蒸し暑い日でした。この日の目的は、和ろうそくを買うこと、できれば燭台も。

ということで、行程は約２００㎞余り、朝８時過ぎに家を出ました。

高速料金はＥＴＣ割引で瀬戸中央道と松山道、合わせて２，０００円。

内子五十崎インターで高速道を降りると、燭台を作る体験ができる「自在鋼房」鍛治屋の児玉さんをたずねたのですが、予約電話もしていなかったものですから、お留守。工房の鍵は開いていいて、中の燭台も見えていたのに。

それで、もう一つの目的地、大森和蝋燭屋を探して行ってみました。古い町並み保存地区に入って少し行くと左手に、ろうそくの絵の描かれたちょうちんがぶら下がっていてすぐにわかりました。のれんをくぐると、右手にはさまざまな大きさの和ろうそくと燭台。正面には奥さんが座っていて、ろうそくの芯にはイグサの芯に和紙、かいこの繭を薄く延ばして巻きつけたものを使うとの説明がありました。ガラス戸の向こうでは、ご主人がその芯を竹串に刺して右手に持ち、左手で蝋を溶かしたものを塗りつける作業をしておられました。ハゼの実から取った木蝋を40℃から45℃くらいに溶かしたものを何度も何度も素手ですくい上げて芯を転がしながらなすりつけていくのです。だからここの手作りろうそくは、上から見るとバウムクーヘンみたいな層ができるのです。大きさは使われる木蝋の重さによって「匁《もんめ》」であらわすとのこと、10匁のものを買い求めました。

道端の小さな空き地に車を止めていたため、今度は道の駅に置かせてもらって町の見物に出かけました。最初は有名な芝居小屋、内子座を目ざして。途中お昼になったので、食べ物屋さんを探し、「お食事処りんすけ」で、鯛めしを1、050円でいただきました。鯛のお刺身がたっぷり載ったもの。

内子座は、金比羅の中村屋と同じくらいの規模に思えました。回り舞台、「すっぽん」と言われる花道のせりなどもあり、奈落で人力で動かしていたところも同じ。若い女性のグループが私たちの後から奈落に入ってきて、「わー、奈落の底って言うけど、これが奈落だったんだ」と言って感心していました。

内子座の受付で、3つの施設を見られる券（セットで390円）を薦められたので、次に行ったのは「商いと暮らし博物館」でした。ここは明治からの薬商「佐野薬局」だったところだそうで、大正年間の薬屋の暮らしを、当時の服装をした人形を置いてわかりやすく見せているところがよかったです。私はそういう時代を幼い頃にほんの少し祖父母を通して見聞きしている世代なので箱膳での食事風景などは懐かしいものがありました。

三番目は、ろうそく屋のあった坂道をもっと上に上がったところにある、木蝋資料館です。

そこへの道が町並み保存地区で、江戸・明治・大正の頃を思わせる落ち着いたたたずまいの町並みでした。土産物屋さんの一つで私は皮つきの山椒のすりこ木と、大江健三郎氏の親戚筋に当たり、帰省された時にお茶菓子として出したという道後屋さんのごませんべいを1、000円で購入。

坂道の上のほうに、広壮なお屋敷があり、そのお屋敷の敷地に木蝋資料館があるのでした。この上芳我家は木蝋の輸出で財をなしたのだそうです。パラフィンが出てくるまでは、西洋にもその質の良い木蝋を輸出していたのだそうです。中央部にはお役人を接待する様子が人形とレストランの食品見本みたいなもので再現されていて、私は二の膳までついたそのおもてなし料理に興味があり、一品ずつ見てみました。散らし寿司、お刺身などのほ

ろうそく屋の陳列棚

かにはサトイモの煮物、こんにゃくの炒りつけ、など、食材は魚介類以外は今から見ればもちろん地産地消でした。

町並み保存地区から出たところの商店会では、その土日が夏祭りだそうで、各店の取扱商品を使って店先に飾り物ができていて、それも楽しく見ながら歩きました。たとえば中華料理店は古米に色をつけてドラゴンボールの絵のモザイク。なんと細かい、お米を立てて埋めていました。文具と本の店では、ガムテープやボンドの容器を使っての蒸気機関車。酒屋さんではビンのふたを使って蝶々など、アイデアと努力に感心し楽しませてもらいました。2時ごろ内子を出て、帰りはしまなみ海道を使い、5時ごろ帰宅。

夕食後、夫のこだわりの和ろうそくに点火しました。炎の明るさやゆらぎなどを見ると時間がゆったりと流れるように感じました。

高知県立龍馬記念館

2010（平成22）年6月5日（土）、しばらく出かけられなくて、久々のお出かけ。高知に行くことにしました。目指すは高知県立坂本龍馬記念館。全行程はおよそ160km、約2時間でした。瀬戸大橋も高速割引料金がまだ有効で、現地までの高速料金は2、000円（2010年現在）。

龍馬記念館は、桂浜のある岬の山手に建っており、海に向かって突き出すような変わった外観。以前、「のいち動物公園」を訪ねた時にそのそばにも龍馬歴史館というのがあって、人形で名場面を再現する博物館みたいなのでしたが、そのときにはこの建物はなかったと思います。大河ドラマ『龍馬伝』の放映に伴い、観光客が押し寄せるようになったようです。この日も駐車場は9割くらいふさがる状況。入館料は大人500円。階段を下りて展示室へ。

西郷隆盛とか陸奥宗光とか勝海舟とか錚々たる人物たちによる龍馬の評を手紙等から拾い集めて展示しているコーナーではそれだけで龍馬の人となりがあぶりだされるようで興味深いものがありました。龍馬が勝に弟子入りしたわけも、勝の度量に感じ入ったからに違いないと思えました。

また、龍馬は非常に筆まめな人で、姉乙女に送った、お龍さんとの宮崎、鹿児島への新婚旅行の際の手紙が展示され、現代語訳されていました。その描写たるや、それはそれは細かい文字で微に入り細に入り図解つきで高千穂の峰への登山の様子などを書いています。「このあたりつつじがきれい」だのといった風に、姉にわかりやすく説明しているところなど、恐れ入ります。現場リポーターさながらといった感じ。

作家吉井勇が祖父から聞いたという「ある日の坂本龍馬」のコーナーでは、坂本龍馬とお龍さんが薩摩藩の食客となっていた時期に散歩に付き合っていたという幼い頃の祖父が見聞きしたことを展示してありました。龍馬は寺田屋で襲われた時の怪我の療養の時期で釣りは下手だったけれどもいつも持っていた短銃で小鳥を撃つのは上手だったこと、奥さんを「お龍さん」と呼んでいたこと、ある日けんかしたのか、森の奥に分け入って短銃を撃つ音がしたと思ったら涙を流していたことなどなどが書かれていて、普段の龍馬の様子がわかります。祖父がずいぶん年をとってもはっきり覚えていたほどに印象深い人物であったようです。

お龍さんの若き日の写真と、年取った女性の写真の比較もあり、目鼻の周辺の特徴などから二つは同一人物の可能性があるとの評価が、科学警察研究所で出たとの事です。若いお龍さんのほうは、大変美人。龍馬も変わった人だったけれど、お龍さんもまた変わった人だったようです。元は医者の娘で、家が逼塞して妹が身売りされた時には先方に談判に行き、命がけの交渉の末に妹を取り戻してきたのだとか、気丈な人です。彼女がきれいな着物を着るのは龍馬は好まず、垢じみた着物を着るほうを好んだのでそのように着ていて、「人から変に思われる」と訴えると「そのほうが面白いではないか」と言ったというのです。

撮影可とのことで、暗殺現場近江屋の室内の復元模型がありました。龍馬と中岡慎太郎のこのとき飛び散った血潮を受けた掛け軸と屏風がこの記念館に展示（地下の展示室）されていました。どちらも絵柄の下のほうに飛び散った血のしみができていました。

そういうのが生々しい生きた歴史だなあと感動を覚えました。そして33歳の龍馬が、暗殺されるほどにこの時代の重要な鍵を持っていたということにも。薩長同盟の橋渡しなど大きな役割を果たしたいわばコーディネーターともいえる大きな役割をした龍馬その人が展示を一つ一つ見ることによって浮かび上がってきたこの展示、一見の価値はあると思いました。

九州地方篇

平戸へ　旅のはじまり

２００５（平成17）年5月21日（土）、倉敷発６時43分の岡山行きの普通電車から、旅は始まりました。

岡山発７時17分、ひかり４４３号レールスターで博多へ。博多からは９時22分発の特急みどり５号で有田まで。有田からは10時47分発の松浦鉄道に乗りました。

松浦鉄道は、見れば1両だけのバスみたいな電車。ワンマンバスのようで、気持ちがゆったりします。各駅停車、のどかな田園風景が広がる中、土曜日なので中高生が乗り降りし、思ったよりも乗客は多くてその出入りを見るのも楽しいものでした。

途中の乗り換え駅の伊万里では27分の乗り継ぎ時間で、その間に昼食が食べられるかしら、と、駅の食堂へ駆け込み「次の電車に間に合うように食べられますか？」と店の人に聞いていたら、なんとその奥のほうで、先ほどの運転士さんがお昼を食べていて、「大丈夫、次のも私が運転しますから」。

安心して、朝が早くておなかがすいたので「忍者うどん」という具の多いうどんを980円で。

さっきの運転士さんが、引込み線からやはり1両だけの電車を車止めまで出してきて、私たちが乗るのを迎えてくれました。なんとのどかなこと。すっかりこの松浦鉄道のファンになりました。

伊万里乗換えで1時間11分後、目指す平戸島もよりの「たびら平戸口」駅で下車。

駅前には、「シルバータクシー」という社名のタクシーが止まっていて、これからの観光をしてくれる運転手さんと出会いました。

平戸には、1977（昭和52）年にかかった平戸大橋をわたり、通行料片道100円を払って乗り入れました。北は玄界灘、西は東シナ海、という平戸島、日本で最初にオランダ貿易が盛んになった島だそうですが、なにぶん島なので幕府の目が届きにくく、何をされているのか監督がしにくいということで、その後貿易などの中心は長崎の出島へ移されたのだそうです。

タクシーでは、海岸沿いにまず南下、「国姓爺合戦」の主人公鄭成功《ていせいこう》の母がそこで産気づいて岩にもたれて出産した、というその岩をまず見せてもらいました。中国人の父と日本人の母の間に生まれたんだった?と、ほとんど忘却のかなたでした。

また、ここはさすがに海産物の豊富なところで、あご(とびうお)のかまぼことエソのかまぼこを途中のひなびたお店で購入。

古い教会としては最初に宝亀《ほうき》教会、次に紐差《ひもさし》カトリック教会へ。宝亀教会は赤レンガと白い漆喰とのコントラストの美しい建物。

紐差教会は真っ白い外観。いずれも入り口付近からですが、堂内も見ることができます。土曜日の午後とあって、翌日の日曜礼拝のためのお掃除が女性たちの手で行われていました。内部は高い天井とステンドグラスなど、これが日本の地元の生活に根ざした教会か、と感動を覚えました。

中でも木ヶ津教会には「長崎の鐘」の歌で有名な永井隆博士の描いた絵があるというので連れて行ってもらいましたが、外観は普通の公民館とあまり変わらないような建物でした。しかし堂内の両側の壁にかけてあった小さなサイズの「十字架の道行き」と呼ばれる、キリストが十字架を担いでゴルゴダの丘に至る道程を描いた絵は、最初レリーフかと思ったほど立体的に描けた絵で、プロの画家かと思ったくらい上手な絵でした。永井博士が病床で描いた絵だそうです。その絵は浦上天主堂でいらなくなって倉庫に保管されていたのを貰い受けてきたのだそうで、そのいきさつを知っていたたった一人の人がお掃除に来ていて、説明してくださったので感激しました。

その後、キリシタンが処刑され、海岸が血に染まったという根獅子《ねしし》の浜や、平戸市切支丹資料館などを訪ね、川内峠から向かいの生月島を眺めました。生月島には最後のかくれ切支丹がいる、という話を伺い、平戸城に登って、平戸大橋や海の景色を楽しみました。

白とうす緑の外観のザビエル記念聖堂では、女子高生らが楽しげにお掃除している様子を横から見せて頂き、海岸沿いに出てオランダ商館の跡などを見て、宿の旗松亭《きしょうてい》へと送ってもらいました。

鹿児島県の旅　その１　霧島　指宿

２００８（平成20）年10月18日（土）、朝10時10分に日本エアコミューター３６９０便の飛行機で岡山空港を離陸、鹿児島空港へ向かいました。小さなプロペラ機で座席は左側に１列と右側２列、客室乗務員は１人だけ。ジェット機と違って低いところを飛ぶので、海岸線の地形がはっきり見えて、山口県の上関、１９７４（昭和49）年のＮＨＫの朝ドラ『鳩子の海』の舞台となったところあたりまでの瀬戸内の景色は本当にきれいでした。

鹿児島上空に入ると階段状にとてもよくゆれて少し怖かったけれど、無事鹿児島空港へ到着。迎えの車に乗ってレンタカーの営業所へ。手続きを済ませ、そこの係員に「お昼を食べるのだけど好い所を教えて」とたずねると、薩摩黒豚のお店「六八亭《ろっぱくてい》」を教えられました。そこ、知り合いの方が食べたというお店かも知れない、と見当をつけて、教えられたとおりに行ってみました。新興住宅地なのか、空き地の多い場所にそれは建っていて、郊外型レストランといった風情。「入」という字のような屋根の造りで、屋根の梁の組み合わさった部分に天窓があり明るい日差しがそこから入ってテーブルを照らしていました。メニューの中から高いと思ったけれど、旅の楽しみというので、２、１００円のしゃぶしゃぶに。出てきたたれはポン酢と緑色のもの。抹茶のたれだそうでした。しゃぶしゃぶもとてもおいしくてしっかりいただき、いざ。

えびの高原を目指しましたが、高速道路に乗るには空港まで引き返すのが正解だったようなのに、戻るのが嫌さにカーナビに逆らって進んだら、50㎞くらい一般道を行くはめになり、時間をだいぶロスしました。だいぶ先でやっと高速道路に乗り、「えびの」インターで降りました。そこからはひたすら曲がりくねった山道をえびの高原まで。やっとえびの高原国民休暇村のホテルへ到着。トイレを借り、そこは宮崎県側なので、東国原知事のイラスト入りの宮崎の地鶏の焼き鳥パックを購入しました。

ついで道の駅のようなところへ行ったのですが、駐車料金410円支払うのが惜しかったのと満車で止めるところもなかったので、足湯の人々を横目に通過……。

県道1号線沿いに見えるという深い青の水をたたえた不動池も、なにやら車が止まっているね、と通過したらそこがビューポイントだったらしく、惜しいことに見られずにとても残念でした。狭い山道なので引き返すこともままならず、涙をのみました。

次は神話の世界では有名な高天原、ではない高千穂河原で、そこもやはり駐車料金410円でしたが、さすがに支払うことにして降りました。大きな鳥居をくぐって砂利道を200m～300m上った先には、高千穂の峰が神々しくそびえ、手前に鳥居がありました。鳥居は軽石なのか、無数の小さな穴が空いた石でできていました。高千穂の峰を仰ぎ見る場所に神社の建物もかつてはあったそうですが、噴火により焼失、今の場所に移築されたそうです。

見上げると登山者たちが動く様子がはっきりと見て取れました。あんなに高いところまで。ふもとのビジターセンターの映画によると、山頂には天狗のお面みたいな柄のある矛《ほこ》が立っているとのことでした。いつごろ誰が立てたのやら。

現在の霧島神宮は、そこからかなり下った場所に建っていて、大勢の観光客でにぎわっていました。参道は巨大な樹木に囲まれて薄暗いほどでした。大人二人でも幹の周りに手が届きそうにない大木の前で記念撮影の撮りっこを2人連れの若い女性としました。お宮の建物は、日光みたいに極彩色に彩られた飾りには象の意匠もあり、きらびやかなものでした。そして、境内の見晴らしのよい展望台の側に、あの坂本竜馬とお龍さんの姿を模した立て看板があり、この二人は80何日か薩摩路を旅し、高千穂の峰への登山もして、逆矛の柄が天狗の顔みたい、といったのだそうでした。お龍さんも着物にわらじで登山したとみえます。昔の人はたいしたものです（おりしも翌19日放送分大河ドラマで鹿児島の新婚旅行のことが取り上げられておりタイミングのよさにびっくり）。

そしてそこから宿の指宿の観光旅館まではなんと120㎞あまり、途中までしか高速道路はついておらず、暗くなって景色も見えない指宿スカイラインをひたすら走って、やっとのことでとっぷり暮れた6時半ごろの到着となりました。スカイラインは下の道よりもずいぶん遠回りだったと後で知りました。日中なら風景も楽しめたのでしょうけれど。

鹿児島県の旅　その2　指宿　長崎鼻　池田湖

２００８（平成20）年10月18日（土）、到着が遅かったので夜もとっぷり暮れた7時近く、やっと部屋に通されました。係の仲居さんに、「砂むし温泉、行かれますか？」と聞かれ、せっかく指宿まで来たのだから是非に、というと、「これから往復すると小1時間かかるので、ではご飯は8時からにしましょう」、とのこと。言われるままに急いで浴衣に着替え、フロントでかごを借りて温泉街を歩いて海側の砂むし会館「砂楽《さらく》」へ。

立派な自動運転のエスカレーターを上ると、浴衣を渡され、下着も取ってそれを着て海岸に行くように言われました。下着も脱ぐの？　ちょっと恥ずかしいけれど、まあお風呂と思えば。専用のサンダルに履き替えて下の海岸のテントに行くと、8畳間くらいに四角く仕切られたところがいくつも並んでいて、この時間帯になるとすいていてほぼ貸し切り状態。砂のベッド状になったところへ横になるように言われ、持参のタオルで頭を砂から守るようにして寝ると、早速どかどかとスコップで砂がかけられました。

「背中が熱い」、というと横向きになるように言われ、そこへ砂がかぶせられました。地面から温熱が来るのでそこを砂で調節する仕組み。あまり熱いのを我慢すると赤く低温やけどするらしい。熱いと背中を浮かすようにするとよいとのこと。こつがわかると、ホカホカと全身、特に首筋や足の裏まであったかいのと、砂の圧迫感がたまらなく心地よい。制限時間は個人差があるので自分で足元の時計を見て決めるようにと言われ、15分ほどで終わりにしました。起き上がるにも一苦労、まずは腕の砂を落とし、そろそろと起き上がりました。そして元の建物に入るとシャワーと温泉があり、砂を落として湯に浸かって仕上げ。すっかりよい気分になりました。夜風が心地よく、部屋に帰ると食事の支度ができていました。薩摩黒豚やわらか煮とか、きびなご辛煮の地元食材もある中、小さい松茸の入ったお吸い物も付いていて幸せ気分。

翌19日（日）の朝となりました。7時半の朝食前に昨夜はすっかりとっぷり暮れていてよく見えなかった砂むし会館砂楽のほうへお散歩。すると海岸にはロープが張られていて「ここの海岸は干潮になると波打ち際から85℃の温泉が湧き出ます。ご注意ください。」との看板。与謝野寛、晶子夫妻のそれぞれの短歌が防波堤の壁に彫られているのを発見。二人でここまで旅に来たのですね。

帰り道、ふと見上げたマンション空き部屋の看板には、「空室　２ＤＫ　温泉　冷暖房完備駐車場有り」。温泉つきのお部屋なんだー。

宿に帰り朝食。薩摩汁や地元産さつまあげがおいしい。桜島大根の粕漬けも。もちろんほかにも凝った料理はありましたが、この地ならではのものが印象に残ります。

８時半ごろ出発の用意をして宿の売店へ。名物のかるかん饅頭を宅配にしました。そして仲居さんたちににぎやかに見送られて出発。ちょっと気恥ずかしい。

この日の最初の目的地は長崎鼻です。ただの岬と灯台位かと思いきや、動物園のような施設『長崎鼻パーキングガーデン』になっていて、入園料が大人（高校生以上）1、200円、小人（小学生以下）600円。入るといろんな犬のコーナーやらインコのコーナー、おサルのコーナーなど。ミニブタショー、ネズミショー、インコショー、フラミンゴショーなどのショーがあるとのことでした。どうせなら岬の灯台まで、と思って海岸のほうへ行くと、そこにはダチョウとエミューが飼育されていて、どちらも初めて見ました。エミューというのはダチョウの首のところに産毛が多数生えているようなもので、くちばしも少しダチョウより短め。もっと灯台に近いところまで行くと、そこは開聞岳のすばらしいビューポイントでした。昔中学時代に白地図で等高線を見たのを思い出しました、美しいコニーデというのかさつま富士といわれるとおりの稜線。海と開聞岳をバックに記念撮影。そこの上り下りで前日からの疲れもありかなり疲れました。

次に行ったのは池田湖でした。なんでもイギリスのネス湖みたいな怪獣「イッシー」がいるらしいとのことで、旅の駅に車を止めると、高さ10ｍくらいの白い恐竜の像が作られていました。広々とした湖面は穏やかで何もなくて、はるかに開聞岳のてっぺんあたりが望めました。

旅の駅の建物内に入ると、土地の天然記念物という巨大うなぎが水槽に飼われていました。どのくらい巨大かというと、長さは１ｍくらい、太さは大人の太ももくらいでしたでしょうか。あまりの大きさにびっくりでした。そこを出て旅のハイライト、知覧を目指しました。

鹿児島県の旅　その3　知覧

2008（平成20）年10月19日（日）、鹿児島県南九州市の知覧に行きました。特攻の基地として有名な知覧は、郷士の城下町でもあったようで、大変広いエリアの武家屋敷が保存されているのを初めて知りました。私たちが車を止めたのは裁判所の近くの駐車場で、18・6ヘクタールあるという武家屋敷エリアの西のはずれから歩き始め、長さ750mの武家屋敷エリアを往復することになりました。私たちがこれまでに見た武家屋敷は、岡山県の足守とか兵庫県のたつの市とか五島列島の福江島とかありましたが、そのどれとも違っていて、高さ1mくらいのしっかり築かれた石垣の上にイヌマキ、またはイヌマキとサツキの二重の生垣で囲まれた大きな面積の家々でした。そのどれもが門の内部は鍵の手に石垣が組んであって外敵が入りにくくしていることと、街道に出る前やいざ出陣というときに最後には用を足せるようにと、門の脇に厠《かわや》（トイレ）がかつてはあったそうでした。その厠に座って、道行く人の会話をひそかに聞いて情報収集をしたのかもしれないとのことなど、お庭の濡れ縁などに設置された機械に100円入れると非常に興味深い案内が聞けました。お庭のひとつのガイドによると、その借景の庭のつくりが全国的には岡山県高梁市の頼久寺と似ているというのがあって、頼久寺を知る者としては、へえーっと興味深く思いました。

お庭を半分くらい見学し、一番奥の7番、森重堅氏庭園へたどり着くと無料休憩所があり、知覧茶を振舞われました。濃い緑色のお煎茶で、歩いて乾いたのどを潤すと大変おいしくて、1本600円のを2本購入。ここらはお茶の産地でした。気になっていた茶畑の上の高い所にところどころ設置された扇風機についてたずねると、春先の新芽が出るころに霜が降りると困るので霜よけだそうでした。また、お煎茶の入れ方も教わりました。沸騰させたお湯をあらかじめ80℃位に冷ましておくこと、お湯を注いだ後決して急須をゆすらないこと、そして最初は少しの湯を注いで葉を蒸らし、次に湯をどっと入れて湯飲みに出し切ること、急須にお湯を決して残さないこと。また、水出しもでき、氷を入れた急須に水を注ぎ入れ10分間ほどして出すとよいとのことでした。勉強になりました。また、そこでお茶をいただく人3人くらいが、「二ツ家」というわら葺民家の説明に立っていたおばあさんの説明がとても上手だったので忘れられないが、お元気でしょうか、と尋ねていました。入院されているそうでしたが、かなりの名物おばあさんのようでした。

そこを出てから角を曲がってすぐのところの民家に、黒豚ラーメンの看板が出たお店「山水」があり、ちょうどもうお昼を過ぎていたので入ってみました。中は普通の民家のお座敷二間をぶち抜きにしたもので、味噌ラーメン600円、塩ラーメン550円にギョーザ300円。

チャーハン４００円には忙しいときは作らないとの但し書きがありました。素朴なお店でしたがラーメンがおいしかった。煮卵が美味。

次は知覧特攻平和会館です。１９２９（昭和４）年生まれの母の世代だと女学校時代に兵隊さんを送り出したのでより身近に感じたと思いますが、私くらいでも親たちから話を聞かされている分、厳粛に思いながら行きました。道沿いには戦死した兵士たちの慰霊のための石灯籠がずらりと設置されていました。敷地には復元された零戦の機体が置かれていて、その前で記念撮影する人多数。特攻までにすごした半地下形式の三角兵舎が復元されていて、寝具を並べてあったり、当時の鉄カブトなどや、当時の様子の写真の展示があったり。

館内に入ると、２００１（平成13）年に公開された映画『ホタル』の撮影に関するビデオ上映があり、途中から少し見ただけで胸に迫るものがありました。奈良岡朋子さん扮する、特攻の母といわれた、富屋食堂の女主人鳥濱トメさんの話でした。そして、館内にはわずか17歳から22歳、せいぜい25歳くらいまでの特攻で亡くなった兵士たちの遺影が一人ずつずらりと並んでいて、県別などでも検索できるようになっていました。遺影の前には遺書の数々。どれも達筆で、自分は祖国を守るために死んでいくが決して悲しまないようにとか、妹がいるから親への孝養は任せたとか、親兄弟を思いやる、あふれるような気持ちがこめられていて、泣けてしまいました。武器を作るだけの余力も資材もないからといってこれほど多くの若者たちを強制的に死に追いやるようなことをしたのだ、戦争とは。本当にむごい、残念なことだと思いました。

付記　知覧武家屋敷は、２０１８（平成30）年のＮＨＫ大河ドラマ『西郷どん』のロケ地としても何度も出てきています。

長崎・上五島の旅　長崎キリシタン祈りの巡礼号 バスツアー

２０１４（平成26）年８月２日（土）、長崎県の五島列島の福江島へは飛行機で行ったことがありましたがその北側の上五島には船便しかなく、ようやく時間がとれて行くことにしました。台風の進路が気になる時のことです。台風の余波で船が欠航になりそうだ、とあわてて旅程を変更する算段をしていた時、ＪＴＢの窓口のパンフレットでふと目についたページ。「長崎キリシタン祈りの巡礼号」。日曜日だけ組むバスツアーで、朝９時から夕方５時まで、キリシタン関連の史跡を回ってガイドがつき、昼食付きで２、０００円、ちょうど日もいいし、いいんじゃないの、と飛びついた次第です。

８月３日（日）、長崎駅前の集合場所に行き、運転手さんに間違ってないか確かめてから乗り込むと、同行者は私たち夫婦のほかには、東京からのご夫婦と、大阪からの親子３人の計７人。

小型のバスでも７人なのでゆったり。

ガイドのＦさんはとても詳しくて、長崎のキリスト教の歴史について細かく説明がありました。

鈴田牢の跡地。8坪ほどの牢に1622（元和8）年、35人が押し込められ、牢内で2人が亡くなり33人が長崎の西坂と大村の放虎原《ほうこばる》で殉教したとのことです。

放虎原殉教地（日本二〇五福者殉教者顕彰碑）205名の殉教者の内訳は、日本人153名、スペイン人24名、ポルトガル人5名、イタリア人5名、メキシコ人3名、オランダ人1名、ベルギー人1名、朝鮮半島出身者13名とのこと。

処刑されたキリシタンが生き返ってはいけないというので、胴体だけを埋葬されたという「胴塚」。竹藪になっていますが誰もタケノコを掘る人はいないそうです。若者の像が祀られています。

500mほど離れたところにある「首塚」。こちらは年配者の像が祀られています。後ろには榎の巨木があります。大村には多数のキリシタンがいたそうですが、禁教令とともに多数が捕らえられ処刑されたそうです。さらに、その墓石も徹底的に跡も残さないほどに捨てられ、何も残ってはないのだとか。

海岸近くの松林に案内されました。京都あたりで捕えられて徒歩でこの地まで連れてこられた26人のキリシタンたちが大村湾を横切って船で運ばれた、乗船の地です。信者が多いこの地方のこと、助けられて逃亡の恐れもあるということで、船に乗せられたそうです。一晩を船で過ごし、明け方対岸について処刑地まで歩かされ、すぐに処刑されたとのこと。

西彼杵《にしそのぎ》半島の付け根の西海橋を渡りました。大村湾はこの狭い水路で外界とつながっています。大雨でした。橋を渡った所のレストランで昼ご飯。２、０００円で１日ガイド付きでバス旅行してお昼ごはんまで、とは本当にびっくりなお値段です。

長崎・上五島の旅　大野教会　出津教会　旧出津救助院　ド・ロ神父記念館

西彼杵半島の海岸沿いに出ました。大村のほうは平地が多く農地もあり豊かなのに比べて、こちらは断崖絶壁が多く、農地はほとんどありません。それだけ貧しく、キリシタンたちが追われてこちらに逃げ込んできたのでしょう。

急なまがりくねった道を山側に。運転手さん泣かせの細い道をバスで登って、さらに徒歩で少し登りました。大野教会です。

大野教会の塀や外壁は「ドロ壁」と呼ばれる、地元産の玄武岩の割り石を漆喰モルタルで固めた物です。ド・ロ神父様が風雨に強いこのような壁を考えて指導されたのです。海からの風が強いので高い塔は作らず平屋。

マルコ・マリ・ド・ロ神父の小路は、人が2人やっと並べるくらいの小路で、緩やかに上り下りしながら教会堂や救助院などを結んでいました。

小路の先には保存修理された救助院、ド・ロ神父記念館がありました。素麺を作る作業場、織物をする場所、炊事場、麹をつくる室、鰯網を作る作業場などが連なっています。フランス貴族に生まれた神父様は、没落していく貴族の生き延びる道として、親から様々な技術を取得するように教育されたそうです。そんな技術がこの地で生かされ、ありとあらゆる生活・産業の知識を教えたり、畑を開いて様々な作物を育てたりしてキリシタンたちを支えたのです。

救助院などからの中の小径を通って出津《しつ》教会へ。白い尖塔を二つ持つ比較的大きめの教会堂が建っていました。

平地の少ない、作物を育てるには適していないような厳しい土地柄。その地で74歳で亡くなるまで、日本の貧しい信者のために一生を捧げて尽くしてくださった神父様に感謝。

出津教会遠望

長崎・上五島の旅　外海《そとめ》　祈りの岩　枯松神社　キリシタン墓地

枯松神社へ行く途中の山道に「祈りの岩」はありました。黒っぽい、庇のような少し出っ張りのある大きな岩。禁制のお祈りの言葉は、この人里離れた山の中の岩陰で親から子へと口伝えに伝えられたのだそうです。教え込む方も覚えるほうも命懸けだったことでしょう。

このあたりの山の中には、いたるところこの地方に産出する平たい石（緑紋片岩）「温石《おんじゃく》」を置いたものがあり、キリシタンの墓碑だそうです。浦上のほうでは徹底的に排除され、墓石もお骨もみんな海に投げ込まれて痕跡すらないけれど、ここ外海地方では、役人の目が浦上ほどに届かなかったため、ひっそりとそれでも墓石を置くことができているのです。

枯松神社。実は敬愛する神父様のお墓をカムフラージュするために建てられたものです。お寺なら住職がいるけれど神社ならいらないし、しょっちゅうお参りしていても怪しまれないため。そしてお宮のそばにもキリシタンのお墓。上に置いてある数個の白い小石、それは拝むときには十字架の形に置いて拝み、終わるとその形を崩してから去るのだそうです。

その近くに、後になって建てられたお墓がありました。よく見ると中央から右には仏教の戒名が、向かって左側にはキリシタンの洗礼名が刻まれていました。

長崎・上五島の旅　長崎港から新上五島町　鯛ノ浦港へ

2014（平成26）年8月4日（月）朝7時、台風通過し、船会社に電話したら運行されるとのこと、乗船20分前には港に到着。高速船でも1時間40分かかる船の道。料金は季節によって違い、この日は1人6，210円。

結構大型の船でした。日本最南端の波照間島に行ったときはもっともっと小さな船で2・5mの波に揺られて行った経験があるので、大船に乗った気持ち。

予想通り、大波で船はしっかり揺れました。船酔いでトイレには吐いた跡がいっぱいあったと夫。私は、こんな時には寝るに限る、と寝ようとするのですが、冷房が効きすぎて寒く、カバンからタオルを取り出して首に巻いてなんとか眠りました。

やっと鯛ノ浦港へ到着。波が高かったためか予定より10分くらい遅れての到着。予約しておいたタクシーが待っていてくれました。1963（昭和38）年生まれという元気な運転手さん。教会めぐりと観光名所のいくつかを示し、宿の民宿には夕方5時ごろ到着の予定でお願いすると、料金が23，000円くらいかかるとのこと。レンタカーで行くには様子がよくわからないし疲れを考えるとこの際出費は覚悟。

長崎・上五島の旅　上五島　教会巡り

タクシーの運転手さんは、高校までをこの上五島で過ごし、いったん都会に出てから3年ほど前に帰ってきたのだとか。遠くの地区も統合されて新設された高校だったので島内ほとんどに同級生がいてこのあたりをよく知っているとのことでした。以前7人ほどの団体で小型バス?を借り切って3日がかりで島内にある29の教会堂すべてを回った人たちがいたそうです。しかし私たち夫婦には8月4日の1日だけしかありませんでしたので、港に着いた10時40分過ぎから夕方5時ごろまでフルに利用してできる限り回ってもらいました。

上陸したのは鯛ノ浦、というういかにも鯛が釣れそうな港。ちなみに鯛ノ浦は定置網の盛んな所らしいです。手近な「旧鯛ノ浦教会」から見学開始です。

「ルルド」も、本物のルルドのイメージに近いものが造られていました。ルルドはフランスのルルドという村のベルナデッタという貧しい娘の前にマリア様が出現され、その場所から泉がわいたというので、世界中にその場所を模して造られるようになったようです。

蛤《はまぐり》浜に来ました。美しい青い海、白い遠浅の砂浜。島内は断崖が多くこの砂浜は珍しい。浜辺で遊ぶ人が数人いました。手前にはハマユウの群落。

坂本龍馬祈りの像がありました。龍馬ゆかりの亀山社中の練習船がこの沖で座礁したということだそうです。ちなみに龍馬像のお顔は福山雅治ではなくて藤岡弘に似ていると思いました。

まずは北の端の頭ヶ島へ向かいました。新上五島町でも北の端の方の頭ヶ島に空港を作り橋をかけて空港へ行く道を通したのは、どうもそのために長い道路をつくるなどして土建屋さんたちの仕事を増やし利益を得させるためのようだった、との運転手さんの説明。中心部から1時間くらいかかり、遠くて飛行機の速さというメリットが半減するうえに崖の上に滑走路があるので、着陸時にはとても怖かったそうです。

島は福岡、佐世保、長崎と船で結ばれていますが、冬場は海が荒れて欠航することが多く、また今回のように台風襲来となると2日も3日も欠航するので、なかなか観光もツアーの予定が立てにくいことで敬遠されがち、民宿経営も大変なようです。現に私たちが欠航の後やっと渡ったこの日、泊まった若松島の民宿では、40件ものキャンセルがあったと夫が聞いてきました。

島の外から運ばれるものは運賃がかかるわけで、かといって農地も平地が少ないのでわずかに自分たちの食べるものをと畑を作っても、このところやたらにイノシシと鹿が増えて食害が増え、またそれらが家の中まで入りこんで食べ物をあさられたり、出くわして被害に遭ったりするケースも増えているそうです。

空港の建物の近くに行きました。不便なため利用者が伸びず短期間で廃港になったのだとか。管理だけはしなければならず、私達が行った時にも敷地の外の道の草刈り作業をする人がいました。なんとも無駄なお金。

砂岩で作られた頭ヶ島教会は重要文化財です。日本で唯一の石造りの教会だそうです。アプローチの敷石も砂岩でできていました。信者たちにより十数年の歳月をかけて１９１８（大正８）年４月に献堂された汗と涙の結晶だそうです。

聖堂内部は持ち送りという技法で天井が高く、柱がないというのが特徴のようです。

キリシタン墓地

この教会からの帰り道、浦上ではその痕跡すらないまでに破壊され、西彼杵半島の外海《そとめ》では平たい石（温石）を上に置いただけのお墓があることをガイドさんにより案内されましたが、ここ頭ヶ島でははっきりとした石造りの十字架の飾りのついた形で30基くらいでしょうか、並んでいたのを見かけました。またほかで見ることがあるかと通り過ぎたところ、頭ヶ島以外でそんな墓標を車窓から見ることはできませんでした。写真を撮らなかったのが悔やまれました。

大村や浦上などからほとんど平地のない西彼杵半島の外海へ、さらに海を渡ってこの上五島へ、そのまた離島の頭ヶ島へきて、やっと十字架の形のお墓を、たぶん明治の迫害事件の後なのでしょうが建てることができたのでしょう。

お昼は有川地区の「五島うどんの里」。食堂らしいところはほとんどない様子なので、作業服姿の人など結構集まってきているようでした。

鯨定食。1、200円。鯨の切れがついています。五島うどんは細めの麺、あご（トビウオ）の出汁。夫のは地獄炊き定食、1、100円。チキンカツがついていて、うどんは生卵を入れたつゆと、あと薬味のつゆの2種類で。

上五島は漁業の島、とはいうものの地区地区によってその漁業の形態もまったく異なるそうで、ここ有川地区は捕鯨が盛んだとのこと、この五島うどんの里は、くじら肉を扱うのれんがかかったお店。だからうどんにも鯨定食なるものがあるようです。

沖縄篇

西表島　マリユドゥの滝&カンピレーの滝フォレストウォーク

２００９（平成21）年３月30日（月）、西表島の夜明けは西の端とあって日の出が遅く、６時でもまだ真っ暗でした。３月はお天気も定まらず気温もそれほど高くならないそうで、期待していた夏のような天候は全く望めず、本土で25℃くらいと予想して用意してきた服装では寒すぎ、最高23℃、最低が20℃くらい。（ちなみに岡山では13℃から５℃くらい）あわてて売店で下着代りに半そでTシャツを購入。

この日は旅のハイライト、ネイチャーガイドによるトレッキングがあるのです。朝食後８時40分ごろ集合。集まったメンバーは熟年夫婦３組と母と子の計４組８人。リュックを借り、お弁当とカッパを、さらに前日の大雨で地面がぬかるんでいるそうで長靴を借りて履き替えました。

ワゴン車で浦内川に向かう間にネイチャーガイドの自己紹介があり、下地さんというがっしりした体格の青年でした。浦内川の駐車場のそばにはのびのびと枝を広げた高さ10ｍ位の木があり、鮮やかな真っ赤な花がたくさん咲いていました。デイゴでした。この花がたくさん咲いた年は台風が多いとのこと。ちなみに沖縄の三大名花というのはこのデイゴとオオゴチョウ、サンダンカだそうです。浦内川は海の満ち引きの影響を受けるそうで、この日はたまたま大潮の満潮。写真に写しておいて帰りに比べてみるようにといわれました。

船着場の建物2階はちょっとした展示室になっており、イリオモテヤマネコの写真とか、西表島独特のシジミの貝殻、人の腕ほどもあるモダマという豆のさやだとかヤシガニの標本、リュウキュウイノシシを捕獲している写真、巨大な板根を作るサキシマスオウの種（ピンポン球くらい）などがありました。このサキシマスオウの種、ウルトラマンの顔にそっくり。ウルトラマンの作者は沖縄出身なのだとか。マングローブを形成する植物、メヒルギ、オヒルギ、ヤエヤマヒルギの種もありました。私が前の晩ホテルの前の海岸を歩いていて見つけたのと同じ細長い棒状のものでした。

船に乗り込むと、先ほど見た種子の木「オヒルギ」「メヒルギ」などの名前がつけられた木が川岸にありガイドされました。大潮の満潮なので岸辺のマングローブの蛸の足のような根元は水に浸かっていて見えませんでした。浦内川は長さ20㎞、幅が広い所で２００ｍ、狭いところでは15ｍから11ｍ強、海水と淡水が混ざり合う川だそうです。上流の船着場に着くと、そこまでの高低差はというのがクイズに出されましたが、海から８㎞上流でわずか80㎝上がっただけだそうでした。

上陸するとガイドされながら山道を登りにかかりました。最初はあじさいによく似た白い花、それはカラコンテリギ。アロエみたいなとがった葉っぱのはつるアダンで、太い幹に巻きついているが寄生ではなくて共生とのこと。またサキシマスオウと間違えた、板根を持つオキナワウラジロガシは、中が空洞なのでたたけば響く音がしました。サキシマスオウは船の杙にされることもあるくらい硬いのです。モンステラの原種のハブカズラ、木にくっついていたきくらげ、それからやしの木みたいに巨大に伸びていたのがヒカゲヘゴ。シジュウカラの鳴き声も聞こえました。私が「ゴジュウカラはいないの?」というと、「それ、俺だ」。後ろのほうでは「私、ロクジュウカラ」という声もあり。楽しくなりました。

そのうち滝の音が聞こえてきました。１つ目の滝、マリユドゥの滝です。滝つぼの形が丸いので丸淀という意味。そこへ降りる道で転落事故が4年前にあったそうで、今は下へ降りる道が立ち入り禁止になっています。ここでクイズがありました。島にいる野生の哺乳類は何種類?というのです。みんな「40種類」、「20種類」など答えると、答えは5種類。みんなで考えて、イリオモテヤマネコはすぐわかり、リュウキュウイノシシ、コウモリも、イタチも、などとあれこれ挙げ、最後はヤギ。ヤギは台湾から連れてこられたのかもしれないとのこと。滝の展望台で記念撮影をしました。後で調べると、ネコ科のエサとなるネズミはいない島、カエルなど広範囲のものを食べているとのことがわかりました。

そこからさらに上流へ15分くらい歩くと、カンピレー（神様が座す）の滝に到着。こちらは落差はそれほどなくいくつかの低い滝が多数あって急流のようなところ。岩はだが岸辺に続いていて、そのあちこちに引っかいたような落書きが多数。とても恥ずかしい行為だと思いました。岸辺の岩の上でお弁当を広げました。

そのあたりの岸辺は大きな岩盤で出来ていて、所々に小石が水でえぐったらしい穴に水

カンピレーの滝

溜りが出来ており、その中には小さなオタマジャクシが動いていました。楽しいクイズなども多数あって、大変楽しませてもらった自然探索のウォーキングでした。

西表島　日本最南端の温泉と蛍見物

浦内川上流のマリユドゥの滝とカンピレーの滝までのトレッキングを終えて2時の船に乗り川を下り、今度は干潮になった景色を見て干潟がたくさん出てきているのを確認。帰ると今度は日本最南端の、島の温泉へ出かけました。そこまでが同じコースだったのです。その温泉への道すがら、ワゴン車の運転手さんが「珍しい鳥がいるので」と止まって見せてくれたのが尾に黒い縞模様のある鳥でした。車道に止まって歩いていたのです。車に轢かれないかと心配したら歩道のほうへ移動したのでほっとしました。

温泉は最南端というだけあってプール併設でそちらは水着を着て入ります。私は普通の温泉へ行きました。露天風呂も楽しみ、あとは5時の迎えを待つまで畳のところでお昼寝をし、ホテルには5時半ごろ帰着しました。

この日はもう一つ、ヤエヤマホタルの見物に出かけるので、間の1時間ほどで夕食をとりました。6時40分ごろ、他の3人の人が来て、合計5人での出発です。ガイドは温泉の迎えに来てくれた佐藤さん。「地元の人の名前ではないですが、どちらの出身ですか？」と尋ねると、実家が横浜で、東京の三軒茶屋に住んでシステムエンジニアだったそうですが、スキューバダイビングでマンタを見に来ていて、はまったので退職を機会にこちらのホテルに転職したそうです。このあたりのダイビングショップのインストラクターなどにはシステムエンジニアの前歴を持つ人が結構いるのだとか。

ワゴン車で連れて行ってくれたのは、最初は地元の海岸とお宮のようなところ。神聖な場所なんだとか。それからサンゴを積んだ塀。竹富島あたりに行くと丸いものが多いようですが、ここの特徴は、周りにテーブルサンゴが多いせいで、平べったいサンゴを積んで作られているそうです。規模の小さな島なので職人はおらず、素人が少しずつ積んで作ったもののようです。

そして茅葺の古民家へ案内されました。築120年?位、10年ほど前まで人が住んでいたそうです。内地の民家との違いは、基礎にサンゴが使われていることと、外壁がほとんどないことでした。台風のときだけは雨戸をしっかり閉めるのでしょう。東京にいたという佐藤さんもこのごろは石垣島に行くと都会だなあと思うそうです。西表島では、鍵などかけなくて開けっ放しでも犯罪はないようです。

さて、そのあと目的のホタル見物へ。ホタルは日没後1時間くらいだけ飛び回るそうで、しかもイリオモテでは1年中何らかの種類のホタルがいるそうですが、ガイドをするのはこのヤエヤマホタルが派手に点滅する3月から5月の連休前までだそうです。田んぼの脇には5、6台のよその団体の車が止まっていました。平たい道と山道があるそうで、山道で今は使われていない道のほうを選び、歩いていくと、山際にぽつぽつとホタル。私たちが知っている源氏ボタルとか平家ボタルと違い、０・５秒間隔くらいで細かく点滅していて、本当にクリスマスツリーみたいなにぎやかさ。山を歩く間に何ヵ所かのホタルポイントがあり、しゃがんだり覗き込んだりしながらのホタル見物。ホタルは白い光を当てると光らなくなるそうで、ガイドさんが持っている赤い光の懐中電灯で足元を照らしてもらいながら、他団体にまぎれないように往復してホタルの光を堪能。年に１度くらいは他の団体に間違ってついていき、別のホテルへ着くお客がいるそうな。おっちょこちょいは私だけかと思ったけれど。

帰途、車のライトを消すと、真の真っ暗闇が広がっていました。西表島は街灯が少ないそうです。ホテルには８時半くらいに到着しました。温泉への行く道で撮った写真の鳥を忘れたので名前を教わると、「ヤツガシラで

ヤツガシラ

すよ、珍しいですね、いたんですね」といわれてうれしかったです。
こうして2日目の西表島は雨も何とか降らずにもって、幸いでした。

沖縄の旅　那覇経由で石垣島へ

２０１２（平成24）年３月28日（水）、岡山を10時10分発のＪＴＡ（日本トランスオーシャン）機で那覇へ飛びました。那覇で乗り継ぎ時間が２時間弱、那覇を14時10分発の石垣行きＪＴＡ機に乗り、石垣島に着いたのは午後３時10分ごろ。そのままホテルに行くには早いので、川平湾へタクシーで行ってみました。タクシーの運転手さんは宮古島出身だそうで、方言のためガイドしてくれる話が半分くらいしかわかりませんでした。

台風銀座の昔は茅葺民家が多くて、年に28個も通過して行ったことがあったそうですが、自宅がつぶれるたびに建て直し貧乏人は余計に貧乏になっていったのだとか。飛行機の着陸間近に見た街の様子は、ほとんどが四角い鉄筋のように見えたので、今では台風に備えてがっちりした鉄筋なのですね、と聞くと、その代わりに最近では台風がぐっと減ったとのこと。皮肉なものです。

川平湾の風景だけ楽しむつもりで行ったら、真珠が有名ということで、黒真珠の直売店へ案内されました。鑑賞だけさせてもらって、グラスボートに乗りに行きました。

グラスボートに乗ると、後から３人連れの人が乗ってきました。「どちらから?」と聞くと、鳥取という返事。「岡山は雪は降りませんか?」と言われて、「県北は降りますが倉敷は降らないですよ」というと、鳥取は一面の雪景色だったそうです。沖縄に来たら別世界だということでしょう。半袖にビーチサンダルでした。気温は22℃くらいでしたでしょうか。私たちは薄手の重ね着をしていったので石垣空港で2枚脱ぎましたが足元はソックスにスニーカーでした。

操縦席に先ほどのオジサンが乗り込み浜辺をあとにしました。浜辺でも何やらヤドカリみたいなのやら小魚が泳いでいましたが、魚が多くいるようなポイントのいくつかに止めて見せてくれ、まずサンゴの形が様々なのをはじめて知りました。しいたけをひっくり返したようなもの、ビロードのようなひだのたくさんあるもの、べったりこんもりしたものなど。木の枝みたいなのももちろんありました。そしてそのサンゴの死骸が累々と海底に散らばっていて、それが砕けて白い砂になるという話。きれいな白い砂浜はそれだったのです。

そしておさかなたちの種類の多さ、きれいさにも圧倒されました。魚の種類はさっぱりわかりませんが、アニメーション映画の『ファインディング・ニモ』のクマノミのかわいらしい姿もありましたし、とても大きくて黒いのやら色々。浅いところ深いところ、サンゴがいろいろあるので産卵場所や餌場には困らないのでしょう。エメラルドグリーンというのか、美しい水の色もすてきでした。

30分くらいのグラスボート見物を終えて、またタクシーでホテルへ向かいました。街路樹が本土とはまるで違うので、「デイゴですか?」と尋ねると、「ガジュマルです。デイゴは花がこれからなんでお見せしようとして奥さんがトイレに行ったので忘れました」とのこと。以前、沖縄の入学式頃の花は本土のように桜ではなくてデイゴだと聞いたことがありましたので、3月末の今、咲き始めているのでしょう。

道沿いの海は引き潮でしたが、はるか沖まで遠浅で引いていて地面が見え、マングローブもところどころに茂っていて、干満の差が相当ありそうでした。引力の関係で赤道に近いほど干満の差があるのかなあ、と実感したことでした。

ホテルは、4、5年前に建ったという、沖縄風の赤い瓦を載せた3階建の海にそって細長い、全室オーシャンビューというものでした。夕食は混み合っていたため8時からしか取れず、しかも選ぶのが面倒とばかりに高いコース料理を取ったら失敗で、見た目は凝っているものの、盛り付けてから冷蔵されていたようなものとか、これが沖縄の、と思えるものがほとんどなくて、むしろこの地ならではの単品を注文したほうがよかったかな、と思ったことでした。

沖縄の旅　日本の最南端　波照間島

２０１２（平成24）年3月29日（木）、ホテルを早く出てタクシーで石垣港へ。天気予報によると、波の高さが２・５ｍとのこと。発券所の人に聞くと、３ｍ以上になると欠航だそうでした。出るということはお任せして乗っていれば大丈夫ということ、と思って待ちました。その間にそばの売店でビーチサンダルを３４０円で2足購入。10時半、出航しました。

夫は港の海面を見て、「大したことないじゃないか」と言っていましたが、それは防波堤の中の話。外海に出ると、だんだん波は高くなり、特に経由地の西表島の大原港を出てからは窓を波しぶきが洗うことも何度もあり、ふわっと上がったかと思うと急降下してドドンという船底を打つ振動と音。西表島の大原港経由で約１時間10分の船旅でしたが、とても長く感じられました。

波照間の港が見えてきたとき、岸壁の先端部分に何やら大きな紙を掲げた数人の人がいるのに気付きました。それは、「ようこそ波照間島へ」と書かれた、中学校へ赴任してきた教師の歓迎プラカード。それらしい人は大きな海外旅行用のようなスーツケースとともに降り立った背広姿の若い男性でした。

港にはお宿からの迎えの車が勢ぞろいしていた中、2組で乗り込んで向かったのは、「ペンションA」という宿でした。西浜を見下ろす高台に建てられた、島では一番新しそうな宿。しかしガイドブックにそのペンションが開いているとあったレストランはやってないらしく昼は出ないし食堂も離れたところしかないので、仕方なく歩いていくと、後からペンションの車が通り、乗せていってくれました。簡単なそばなら港の売店にあるというので、港へ。八重山そばというのぼりが出ていたそのそばは、骨付きのしっかり煮込んでとろけるような豚肉が2切れと、さつま揚げみたいなのと、紅ショウガとネギがトッピングされていました。

さて、徒歩で集落のほうへでも見物に、と思って歩き出すと、近くにレンタサイクルとレンタカーの店を発見。幸い免許証を私はバッグに入れていたので、滞在期間の2日間借りる契約で、1万円ちょっと払ってめでたくスズキの軽を借りることができました。ペンションの客なので割引があるとのこと。

集落の中の道は車がすれ違えないほどの幅で、凸凹のサンゴを積み上げた塀がめぐらせてあり、赤い屋根瓦の平屋がほとんどという、竹富島によく似た風景が広がっていました。竹富島と違うところは、背の高い樹木に囲まれていることでした。人口が600人に届かないという島です。先ほどペンションの車を運転していた若い女性は出会った2人の年代も違うオジサンに気軽に声をかけていましたので、「島中みんな知り合いですね」というとそうだと言っていました。

中心部と思われるところを通って行くと小学校、中学校、そして幼稚園が並んで建っていて、ガソリンスタンドがあり、売店が3ヵ所くらい、小さいスーパーといったところでしたがありました。が、インスタント食品だとか雑貨の種類はあるものの、野菜類は数個のキャベツだとかもやし、などがあるだけ、果物はバナナ、グレープフルーツなどがあるだけです。ほぼ自給しているのでしょう。「日本最南端の郵便局」を見つけ、そこから孫たちにはがきを出すことを思いつき、3枚ほど書いて投函しました。

それから、今は使われていないという空港の建物の前を通って星空の観察ができるという建物へ。夜8時から説明会があるというのでまた来ることにして、日本最南端の碑へ。自転車で回っているグループに出会って記念写真を撮ってもらいました。はるか南は海ばかり、の断崖の上に立って、地の果てを実感。

土産物屋、という「モンパの木」という売店に寄ってみました。奇抜な飾りのある黄色の掘っ立て小屋という風情で、ホームドレスやらTシャツ、それに手作りのアクセサリーなど。痩せたオジサンが夫に「どこから来た」と聞き、夫は「岡山から」というと、「何が有名か」とさらに聞きます。夫が「果物がたくさんとれるよ」といい、「マスカットとか、桃」というと、白桃は見たことも食べたこともないそうでした。おいしい白桃を食べさせてあげたいと思いました。

ペンションの夕食前に西浜に夕日が沈むのを見に行き、サンゴのかけらを拾って帰り、7時から夕食。お客は12人～13人でしょうか。ここで宿の主人から、実は明日はいいとして、あさっては波浪が5mになりそうで欠航のおそれがある、とのことで、急きょ予定を繰り上げて翌日に島を出ることにしました。

夜8時からの星空観察会に連れて行ってくれるとのこと、7時50分に車に乗り込みました。集落とは別の広い道をひた走り、昼間見たドームのある建物へ。20人～30人のお客が来ていて、屋上に出てレーザーの光を当てながら星座の説明やら、星の説明をしてもらいました。南十字星はここでは年間20日くらい見えるとのこと、ちょうど見える時期ではあったのですが、南の水平線近くにはうす雲が出ていたのと、月が、三日月くらいだったのですが明るいのでまず見えないけれども、夜11時過ぎには雲がなくなっていれば見える、私たちのペンション屋上からは見えるとのことでした。その他とても詳しい説明で興味は尽きませんでしたが、「まず星空を見たければ月がない時期を狙ってきてください、月は今見ても影ができるくらいに明るいものので、普段の半分くらいの星しか見えていません」、とのことでした。

沖縄の旅　石垣島から那覇へ

２０１２（平成24）年3月31日（土）、石垣島のホテルで朝食をとっているとにわかに激しく雨が降り出しましたが、幸い９時ごろにはほとんどやんだので、レンタカーで11時半に車を返すまでに少し観光することにしました。

最初に行ったのは、カーナビを見て興味を持った、石垣市立八重山博物館でした。建物の前の駐車場の脇には、石碑が建っていました。人頭税の廃止された記念だそうでした。「人頭税」という言葉は聞いたことがありましたが、沖縄に課せられた特別な重税が廃止された喜びが伝わってくるようでした。

博物館は私たちと、リュックを背負った外国人が一人来ていただけでひっそりとしていました。この地の弥生時代？からの土器に始まり、お祭りのときの衣装や飾り物、神様へのお供えの道具、などなど、この地ならではの興味深い品々を見せてもらいました。私や夫にとってもちょっと懐かしい生活道具も中にはあり、昔はこんなの使っていたね、と話しながらの見学でした。

次に向かったのは「宮良殿内《みやらどぬじぃ》」という民家風の建物でした。１８１９（文政2）年の建築。

建物内ではお茶のお稽古をしている女性たちがいて、受け付けでは90代かと思われるおじいさんが200円の見学料を受け取り、簡単な説明をしてくださいました。

それによると、沖縄は戦争の時に、首里には立派な民族遺産があるから爆撃しないようにしようとアメリカが意図していたのに、陸軍がそれを利用して本部を首里城の下に置いたものだから跡形ないまでに攻撃を受けてしまった、それで若者に根無し草みたいに先祖のことがわからなくてはいけない、というので本島から離れたこの石垣島の建物を文化財に指定して残そうとしたのだそうでした。本土のお茶室のイメージとはだいぶ違っていて、沖縄本来の造り方の建物でした。

12時35分初の飛行機に乗るため、レンタカーを11時30分に返却、空港まで送ってもらいました。

飛行機が飛んでくるのが遅れたそうで、20分ほど搭乗開始が遅れ、その間に石垣と那覇の気温を携帯でチェックしてみました。沖縄県の天気は那覇、本島北部の名護、久米島、大東島、宮古島、石垣島、与那国島の7つの地域に分かれていることを知りました。沖縄は広い。

那覇に着きました。翌日のレンタカーを予約してから、この日は午後3時過ぎから3時間くらい国際通り周辺をぶらぶら歩きました。街には貝殻とかガラスとかを使ったストラップ、ミサンガ、などのアクセサリー屋さんも多くあり、その他は泡盛の店だとか「ちんすこう」などのお菓子を売る店、琉球ガラスの店など観光客向けの雑貨店が多く並んでいます。夫が「面白そう」と、国際通りから直角に南へ入る「平和通り」といういかにも下町風のごちゃごちゃした通りへ入っていきました。……ちょっと国際通りから離れたので、喫茶店で一休みしてまた国際通りへ。沖縄名物「シーサー」のお土産のコーナーや、「トロンボーン」だという、竹笛の下にある細い棒を上下すると音程が変わるという竹笛を売る露店など珍しく見物。「塩（まーす）屋」さん、塩の専門店とは驚きでした。世界中の塩やら、岩塩を加工したランプシェードやら、いろんな風味づけをした塩やら塩石鹸やらを売っていました。

また、私が探していたのは、ご存じ「あしたのジョー」の最後の場面のお人形です。以前は表通りの歩道のベンチに腰かけていたのに、今回は右腕を負傷していて、「さわらないでください」と腕に張り紙がされていて、表通りからちょっと入ったところに満身創痍？でいました。

5時半ごろ、若いお兄ちゃんの客引きに呼び止められました。説明によると、全品５００円、特に自分もおばあちゃんによく食べさせてもらったモズクの天ぷらがおすすめ、家庭料理だからというのです。半ば不安もありましたが、そこに決めてエレベーターで5階へ。入るとそこは割合広くて、それにしても時間も早かったので私たちが最初のお客でした。なるべくこの地でしか食べられないもの、と頼んでお通しの後最初に出されたのは「豆腐よう」。豆腐の赤麹漬け？　お酒っぽい風味のしっかりした味でした。「ジーマミ豆腐」。ピーナッツ豆腐だそうですが私は初めて。ねっとりした食感。サラダは海ブドウとマグロの刺身が入っていました。前夜石垣島の居酒屋で食べられなかった、ソーメンチャンプルー。おいしかった。「なかみ汁」。何の中身かというと、豚さんの臓物だそうでした。が、カツオのお出汁みたいな味のあっさりスープでとても意外な感じ。中に腸の切れ端みたいなのが入っていましたけれど。ヤギ汁というのは地元紹介のビデオか何かで見たのですが、どうもハレの日のごちそうかもしれません。波照間島で多くのヤギが飼われていたのは乳を搾るのとやはり食用にもするためと思われました。「やわらかラフテー」を私が頼み夫にはグルクンのから揚げがほしい、と言うのでメニューを見たら天ぷらしか書かれていないように見えたので「天ぷら」を注文しました。こちらは切り身の天ぷらでした。これだけ食べて飲み物はサンピン茶で、2人で5、400円でした。お店の名は「琉球楽園ダイニングOhana」といいます。

というわけで、まだまだにぎやかな国際通りを後に、ゆっくり歩いて帰りました。

蛇足です。「派出所」という舌をかみそうな名前から「交番」という表記に代わって何年か。「KOBAN」というローマ字表記の建物。認識不足でしたが、KOBANは世界各国でも知られた日本語だと後で調べてわかりました。

……交番のお世話になることもなく、ホテルでもらった地図を頼りに帰ることができました。

沖縄の旅　平和祈念公園　ひめゆりの塔　旧海軍司令部壕

２０１２（平成24）年４月１日（日）、この日は午後４時45分の便で帰るので、朝９時から３時までレンタカーを借りました。あまり遠くへはいけないし、欲張ってもいけないので、南部の平和祈念公園とひめゆりの塔、それに那覇空港から車で15分という、旧海軍司令部壕を見学することにしました。

平和祈念公園の「平和の礎《いしじ》」はあまりにも広くて沖縄戦で亡くなられた20万人もの人が祀られているのです。入り口のところに目指す場所を教えてくれる検索機能のある設備がありました。そこで、同県人の人を探してみることにしました。わが身うちには幸い戦死者はいないのですが、同じ名字で検索してみると、ありました、お１人だけでした。屏風のような石碑の横には場所を示す案内がありました。ご先祖様のどこかでつながっているかもしれない、同じ名字の人の名前を探すことが出来ました。

「平和の礎」のすぐ先は海。この海岸を覆い尽くすほどの米軍の艦船がやってきて鉄の暴風と言われたほどの艦砲射撃や火炎放射器などで兵隊だけでなく地元住民まで幾多の人びとが犠牲になったのでした。

平和の礎を見下ろす場所には沖縄風の赤い屋根瓦の立派な資料館が建てられており、この戦場でどのようなことがあったか、着ていたボロボロの着物や、米軍が撮影した写真の数々、生き残った人の証言が大きな本のような形になって展示された部屋、などなどがあり、これは今の若い人たちにもぜひ見てもらいたいと思いました。

平和祈念公園からほど近い、有名な「ひめゆりの塔」を見学しました。現在の碑の右下の方に最初に建てられた碑があります。入り口で花を売っており、大勢の人が献花をしていました。碑のすぐ前は大勢の人が亡くなった陸軍第3病院の洞窟の跡です。でこぼこの険しい岩肌の穴に、傷病兵と共にまだ15、16の乙女たちが看護婦代わりに命がけでいたのでした。今では、このひめゆり部隊の生き残りだった第一高女と師範学校の同窓生の運動で、公の施設ではない立派な資料館が建てられています。館長さんは83歳になられる同窓生だそうです。私たちもその人のお話を今回じかに聞かせていただくことが出来、物を見るよりも何よりも生の証言というのはインパクトがあるものだなと感じました。

そしてその話の中に、これから行く、海軍の沖縄の司令官であった大田實海軍少将が最後に打ったという電文のことを少し聞き、感銘を受けました。沖縄県民がいかに戦いに巻き込まれ、老幼婦女子が家や財産を失い逃げまどったこと、戦争にいかに協力したかなどを切々と訴え、「沖縄県民かく戦えり、県民に対し後世特別のご高配を賜らんことを」というものであったとのことでした。

ここでお昼になったので、レンタカー屋さんでもらった割引券のある「ひめゆり館」の食堂でお昼にしました。

まだ食べたことがなかった沖縄料理、「みみがー」です。豚の耳、と聞くとちょっと、だったのですが、ここで食べなくては、と注文。３１０円、海藻との和え物で中華風、ちょっとくらげに似た食感。なーんだ、そうだったのか、という感じ、食べやすかったです。そして、もずく丼。ミンチと野菜を混ぜて煮込んだあっさりしたものだそうで、もずくのとろみが生きていておいしかったです。

次に海軍の司令部跡を見学に行きました。沖縄県豊見城市字豊見城の小高い山の中に複雑な地下陣地が掘られていたのでした。アリの巣みたいに兵隊さんがつるはしで掘ったとは思えないほどの高さのある通路と、司令官室は、漆喰とコンクリートで固められた頑丈な作り。当時手りゅう弾で自決した時の破片が食い込んだあとがいまだに生々しく残っています。当時大田司令官以下４、０００人もの将兵がここを守っていたのだとか。

戦後放置されていたものを、数回に分けて遺骨収集し、さらに１９７０（昭和45）年から司令官室を中心に３００ｍ分が復元されています。「ひめゆりの塔」の館長さんからもうかがった、大田少将が海軍次官に向けて沖縄県民の献身的作戦協力について訴えたという電文が掲示されていました。最後の「県民ニ対シ後世特別ノ御高配ヲ賜ランコトヲ」という最後の一文は、いまだに基地移転問題でなかなか守られてはいないように感じます。

現地でテレビを見ていたら、今でも不発弾が時々爆発してけがをしたり死に至ったりすることがあるとのこと。すべて取り除くのには70年くらいかかるとのことを知りました。本土と沖縄とではこれほどにも戦争に対する現実味が違うのだということを知りました。

ちょうど3時にレンタカーを空港近くの営業所に返し、シャトルバスで空港へ。そして、前回もこの場所でこれをいただいたなと思いながら、「沖縄ぜんざい」を注文。かき氷の中に金時豆の甘煮がはいり、白玉団子が添えてあって練乳がかかっています。那覇空港の駐機場にはポケモンのピカチュウのペイントの機体がありました。このたびの旅も終わりです。

外国篇

台北の夜店の味は

２００３（平成15）年、前から夫が11月ごろ旅行に行こうと言ってはいたのですが、私も毎日が忙しく、なかなか返事が出来ないでいた所、急に強行突破という感じで決まってしまい、11月13日（木）から16日（日）までの３泊４日で出かけることになりました。行先は台湾。私にとっては新婚旅行以来の海外旅行となりました。

パスポートだけは２０００（平成12）年に取って、出番がなかったのがこのたびやっと日の目を見ました。

倉敷出発は朝の7時過ぎ、キャセイパシフィックで関空から飛び立ったのは10時40分の事でした。

窓際の席が取れ、遥か下の方に、土佐湾や日南海岸が見えました。

機内食は、おにぎりと筑前煮、メロンとりんご、それにロールパンとバターという献立。

機内で台湾時間に合わせて1時間時計を遅らせました。着いたのは現地時間の12時45分、約2時間のフライトでした。上空からは、ため池が多数あるのと、田んぼが見え、日本とそれほど変わらないように見えました。

入国審査はなかなか能率が上がらず、50ｍくらいの行列が10本以上出来ていました。列の短いのを選んで並んでいて、よく見ると「CITIZEN」とあり、私たちは「NON CITIZEN」のほうだったのであわてて替わりました。

空港の建物の外には、旅行社に頼んでいたガイドの李さんという、39歳のメガネをかけた浅黒い肌の人が待っていてくれ、別に運転手さんのいる乗用車が来て、観光案内をしてくれることになりました。空港から台北市内まではおよそ40～50分かかります。

飛行機は午後着いたので、観光コースは駆け足で3つほど回りました。

最初に行ったのは、日本で言うと靖国神社みたいな「忠烈祠」。軍が管理しているそうです。陸・海・空軍が3カ月ごとに交代で警護しているそうで、先月からは海軍の担当だそうでした。海軍の軍服が一番かっこいいのだそうです。身長175㎝以上でメガネをかけていない若い兵隊が選ばれて任に当たるそうです。

ちょうど3時にその交代があるから、ということで見物に。なるほど、褐色の肌のすらりと見上げるような兵隊さんが真白な軍服姿で不動の姿勢で銃剣を持って立っていて、そのうち交代要員が来ました。靴のかかとに仕込んだ鈴のようなものの音を立てながら、厳かな歩き方で廟の建物に向かって、隊長以下5人が隊列を組んでゆっくりと進み始めました。

観光客がその周りを取り巻いて、写真を写しながらついて行きます。

次は有名な故宮博物院でした。本来なら、ここだけで2、3日たっぷりかけたいところですが、今回はほんの40分くらいしか取っていなかったため、ガイドの李さんもほんのさわりの部分だけを急いで走るようにして説明してくださいました。

NHKの故宮の番組でもいくつか見たことがありますが、特別有名な物として、白菜の形に彫刻したヒスイ、象牙を彫り出して丸い玉の透かし彫りを何層にも渡って回るようにくりぬいた物、桃の種を彫刻して舟を彫り、その中に何人もの人が乗っているように細工したものには、天眼鏡がセットしてあり、いずれも王宮ならではの宝物だと心から感嘆しつつ見学しました。

さらに1個が2、000万円くらいするだろうと言われた白磁の焼き物、水墨画、王羲之の書、赤いサンゴや真珠、ヒスイの玉を使った装身具や皇帝の子供の頃のおもちゃなど、膨大な宝物のほんの一部を見学してきました。

日本語ガイドの李さんは、例の感染症SARSの騒ぎの最中には、5カ月も休業を余儀なくされたのだそうで、安全だからぜひ台湾に遊びに来てくれと宣伝してくださいよと言われました。

そのせいでもないでしょうが、大変親切で、翌日私たちは台中に行く予定だと知ると、電車だと台北駅が複雑で切符を買うのやホームに出るのも大変だからと、安くて便利な高速バスを教えてくれました。またバス乗り場を教えてくれて、切符も買ってくれました。

幸い台中の出身で、台中にも詳しかったので、私たちが台中で泊まるホテルはそごうのデパートの斜め向かいにあるから、「ソゴウ」と言って止まるように頼めばいいと教えてくれました。

それから、台中から飛行機に乗るために帰るときも、昼の12時にはバスに乗ること、第1ターミナルビルに入ることなどまでアドバイスをくれました。

そして、私たちが夜は屋台村みたいなのに行ってみたいというと、「士林夜市」というのがあり、タクシーで120元くらい、5分くらいで行ける、ということでした。

ホテルでは食事を頼んでいなかったため、その士林に行ってみようと、興味津々、夫とホテル前にちょうど来ていた黄色のタクシーを拾って行ってみました。

士林というところは台北の北のはずれにあり、夜店がにぎやかに並んでいました。海賊版のCDとか、おもちゃ、バッグがあり、お好み焼きみたいなもの、蒙古焼肉みたいなものなど、なんだか見たこともない料理を、簡単な椅子とテーブルを並べて売っていました。いかにもアジア的というか、ごった煮みたいな喧噪です。

夫は一通り歩いてみようと、回ってからさて、と、中の1軒を選んで座ったものの、メニューは紙に書いたのはなく、壁に貼ってあるので、指でさそうにもさせませんでした。しかも漢字は何とか読めても、発音が分かりません。焦って、探していると「鍋焼米粉」なる料理が目につき、ビーフンならわかる、とばかりにやっと注文出来ました。

鋳物の鍋に入った、イカだのホタテだの白菜だの卵だのが入ったビーフン鍋が来ました。あっさりした塩味で魚介のスープの味でした。ほっと一息。

次に夫は「傳統杲豆腐《こうかたい》」というのを注文してみました。すると、厚揚げの硬いのにキャベツなどの野菜炒めが載ったようなのでしたが、量が多いのにおいしいと思えませんでした。これはハズレ。

次に果物が欲しいと思ったのにジュースしかなく、探して歩くと、いろんな果物やゼリーをお皿に盛るお店がありました。適当にガラスのお皿に盛ると、なんとその上にたっぷりとかき氷を乗せて黒蜜をかけてくれました。時は11月、大して暑くもないのにかき氷は気が進みませんでしたが、夫はテーブルの上にあった黄色の粉を、きな粉のつもりでたっぷりとかけてくれました。ところが、それはきな粉ではなく、塩? 塩辛くてその部分は食べられず、仕方なくその粉がない所をなんとか我慢して食べましたが、言葉が出来ない悲哀をたっぷりと味わいました。

　そこの壁に貼ってあったメニューで面白かったのは、「奇異汁」。キウイジュースのことだったのです。


　物足りない、ちょっとわびしいような思いで帰りのタクシーを拾いました。ちょうど信号待ちをして止まっていた、おかっぱ頭の中年のオバサン運転手の車でした。

　持って行った、ホテルの名刺くらいのカードを見せると、メガネを取り出して読み取り、OKということで、発車しました。気を利かせてか、日本の演歌のカセットをかけてくれました。演歌は、趣味じゃなかったのですけれど。

　肩丸出しの服を着た運転手さん、元気のいいオバサンね、助手席の前には造花なんか

士林夜市のごちゃごちゃした通り

飾って、さすが女らしい、と思っていたら、夫の声に返事したのを聞けば、なんと低音。男性だったのでした。助手席の背もたれにあった写真入りの名前は、陳なんとかという男名前でした。しかも、行きのタクシーは１２０元で行ってくれたのに、ホテルの場所をわざとかどうか、間違えて、１４５元取られてしまい、がっくりでした。

こうして、台湾の最初の夜は更けて行ったのでした。

うれしはずかし台湾マッサージ

2003（平成15）年11月14日、台北のホテル、晶華酒店の朝は明けて、すぐそばの公園でお年寄りが太極拳をしているからとガイドさんが言っていたので、7時起床、仲間に入れてもらえるかもと、期待して行ってみました。でも支度して行くと7時半になり、ちょうど終わったところとみえ、半袖で動きを止め、汗を拭く10人くらいのグループを見かけました。残念。

その後、夫が以前ご馳走してもらったことがあるという、「青葉」というレストランを探して2ブロックほど南に散歩に行きました。飲み屋さんが集まる通りを歩いていると、漢文で女の人募集の貼り紙や、駐車を断る貼り紙も。いわく「君子自重門前通道請釈勿停放」。ふーん。なんだかこう書かれると、教養ある人が恭しくお願いしているみたいに感じる漢文だなあ、と感じました。

朝の通勤ラッシュが始まっており、昨日見かけたものすごい数のミニバイクの群れがこの朝も走っていました。片側3車線も4車線もあっても、その間を縫うようにして、平気でバイクの群れがどんどん走るのは壮観です。

やはり若者が中心で、女性も排気ガス対策に、あのＳＡＲＳの頃によく見かけた立体的なマスクをしてどんどん走っていますし、風よけか上着を後ろ前に着ている人もいました。1組だけでしたが、なんと親子4人で乗っている姿も目撃。旦那様が運転してその足元に子ども、奥さんが後ろの荷台に乗ってもう1人の子どもを抱えていました。もちろん一番多いのは1人乗りですが、彼女やら奥さんやらを後ろに乗せてというのも結構多くいて、いいなあ、なんて。街の歩道はそれらのバイクがびっしりと止めてあるのでした。

散歩を終えて、さてと、朝食ですが、実は夫が、ホテルでは一切の食事を申し込んでなかったのです。でも、近くで朝から食べさせてくれそうなのはコーヒーショップくらいしか見当たらず、やはりホテルのレストランへ行ってみました。マネージャーは日本語が通じず、日本語のできそうな人を頼むと、コックさんが出てきて片言で通訳してくれ、前夜の屋台の一皿50元の鍋焼きビーフンに比べ、なんと2人で1，000元の朝食バイキング、になんとかありついたのでした。

早めのお昼を済ませてバスに乗る必要があったので、散歩の時見つけていた「青葉」というレストランに入り、牡蠣と生姜のスープ、シューマイ、春巻き、ビーフン炒め、野菜炒めを注文しました。これが思ったより時間がかかり、台中行き11時45分のバスに乗るためには、ぎりぎりになってしまったので、必死で筆談で交渉し、パックに入れて持ち帰りにさせてもらいました。西帖というバスターミナルにタクシーで駆け付けました。それもガイドの李さんがバスの切符の裏に「西帖」と書いてくれていたのを見せたおかげでした。

国光という国営バスで、正班というのが指定席、副位というのが自由席です。

出発するとすぐに通路の向かい側の席の袖なしの服を着た若い女の子がカップ麺を取り出して食べ始めたので、私たちも先ほど詰めてもらったパックを取り出して食べました。バスには2時間ほど乗るので、最初から持ち帰りで頼んでよかったなあと思いました。揺れる車内でスープを飲むのが大変ではありましたけれどね。

そのうち冷房が効いてきて、寒くなりました。日本から持って行ったコートを着て隣の女の子を見ると、トレーナーを着こんでいます。それでも寒くなって、車内が寒いと乗客が運転手さんに言ってくれるかと思ったのに、誰も何も言わないので、我慢していました。台中の街に入り、バス停が近付いたので前の席に移動してびっくり、私たちの席だけが特別に冷房がしっかり効いていたのでした。

ガイドの李さんに教えてもらった通り、「そごう」のバス停で降りると、なるほど、ソゴウの巨大なビルがそびえ、その斜め向かいがその日から2泊する台中金典大飯店でした。

荷物を置くとタクシーを拾ってガイドブックを見せ、禅宗のお寺、寶覺寺へ。金色の大仏があると書いてあったのですが、見当たりません。ガイドブックにあった2頭の白い象が前にある本堂は3年前（1999年9月）の地震で壊れたらしく、工事中の支柱で囲まれていました。

すると、言葉はわからないものの、手まねで右の方へ行けと言ってくれる人がいて、行ってみると、はたして布袋さんのような金色の大仏がいました。初めて逢った親切な人にホッとしました。

タクシーの運転手さんが下りる時に指で2を作ったと思ったら、20分待つから見てこいという意味だったらしく、ずっと待っていたので、帰りもその車でホテルまで。

その後はどこも行く気にならず、ホテルで休んで、夫の日本での仕事の取引先の知人、加藤さんという日本と台湾の混血の人の迎えを待ちました。もともと台中に行ったのは、その人がいたからでした。

夕方6時、ホテルのロビーに迎えに来てくれた加藤さんは、小柄で色黒、洗いざらしのジーンズの下は素足にサンダルという格好。実は前日まで心臓の血管にカテーテルを入れて広げるために入院していたと聞いていて、そんな人に観光案内なんて頼めないと、台北の李さんに電話して、翌日行く観光地の日月潭には日本語の出来るタクシー運転手さんを頼んでもらっていました。

加藤さんは娘さんが運転する車を横付けしてくれました。見慣れない車なので聞けばスウェーデン製のＳＡＡＢとの事でした。これ以後加藤さんにはすっかりお世話になってしまいました。

台中市内をしばらく走って連れて行ってくれたところは、巨大なレストラン。私たちの好みがわからないので、何でも食べられるというバイキング形式のお店にしたのだそうでした。「新天地」というお店で、2階は結婚式場だそうで、ウエディングマーチと歓声が聞こえました。ここで加藤さんの奥さんと合流、奥さんは台湾人なので、日本語は聞いてわかる程度だそうでした。私たちが翌日にタクシーで観光しようと予約したことを聞くと、自分たちが案内するから、と、テキパキと携帯電話で断りを入れてしまいました。そして、これがおいしいとか、このタレをかけるとか、こまごまと気を配って下さいました。

食事の後、マッサージがいいよ、と、パチンコ屋のように派手なネオンの大きなお店に連れて行ってくれ、イルミネーションのついた階段を上がって2階の部屋へと導かれました。薄暗い照明の部屋の、鏡の前に平らな台が3つあり、まずは着替えてと、2部式のゆかたのような服に別室で着替えさせられ、私が上着を着物のように着ようとすると違うと言われ、後ろ前に着せられ、あとは半ズボンを履きました。

うつぶせに寝ると、上着を後ろ前に着たわけがわかりました。オイルを塗って、白いブラウスにピンクのミニスカートの女性が丁寧にマッサージをしてくれました。私は全くこんなの初めてで、気持ちいいのもいいのですが、なんだか恥ずかしくて。夫はもちろん社員旅行か何かで慣れているのでしょう、すっかりいい気持で寝てしまいました。

加藤さんは実は27年間も透析をしていて骨がもろくなっているとかで、手だけをしてもらいながら、3人の係の女性たちと台湾語でにぎやかにおしゃべりをしていて、私はその全く理解できない言葉の騒音の中でなんだか孤独な気持ち。足をしてくれる時にはゆかたのような下履きの裾を、私のショーツの中に押し込むのでびっくりしました。太ももの方かなり上の方までしっかりマッサージしてくれるのはいいのですけれど。

加藤さんが日本語を彼女たちに教えていて、体の向きを変える時には「チェンジ」と言えば通じるとかいうので、私は「あおむけ」「うつぶせ」でしょうと教えましたが、チェンジの方が両方に使えてよかったのかな。

奥さんは下のロビーの方で待っていて、私たちが終わるとお茶を勧めてくれ、お煎茶のようにかわいい湯飲みで、正式に入れたウーロン茶をいただきました。マッサージの後だったのでとてもおいしく感じました。

ホテルに帰ると11時を回っていて、エレベーターは部屋のカードキーを差し込まないと動かない時間帯になっていました。ちなみにエレベーターは台湾語では「電梯」と書きます。なるほどね。

日月潭のゆで卵、台中の豚足

２００３（平成15）年11月15日、台中金典大飯店の朝は、やはり前日にレストランに行って食事を申し込むと、日本語の片言をしゃべるコックさんの通訳で食券を買うことができ、無事にありつくことができました。

パンが多種類、中華のおかゆやビーフン、揚げ物、和食のご飯や生卵、チーズにハム、ジュースや豆乳、牛乳、コーヒー、野菜、果物多種類。

従業員が多数いて、さっと終わったお皿を片付けたり、汚れた鍋の廻りを拭いたり、料理の補充をしたりと働いていていました。

欧米人、台湾人、中国、香港方面から来ているらしい人、日本人と、話を聞いてみないと何人やらわからない人が混じりあっていました。隣は欧米人、反対隣は関西弁の日本人。日本語につい聞き入りました。

9時にロビーに加藤さんが迎えに来てくれ、娘さん運転のＳＡＡＢで、大きな湖の観光地、日月潭へと出かけました。大体1時間半から2時間くらいの距離でした。

台中の街を走るときに、窓から見た街の景色は、ビルというビルの外壁からせり出した多くの巨大な看板に圧倒されました。意味はよく分からないながらも、漢字の洪水に、読んで楽しみました。

日本でもおなじみのセブンイレブンの看板は、そのまま同じでした。同じコンビニでも、「全家便利商店」。これはファミリーマートです。なるほどー。「乾洗商店」はクリーニング屋さん。汽車というのは、自動車のこと。輪胎というのは、タイヤのことなどなど。

途中の大きな交差点で信号待ちをしていると、日本でも農家の主婦がよくかぶっている頭巾をかぶった女性が窓から何か売りに来ました。タオルを敷いたバットに細い針金で束ねた物をたくさん並べていました。加藤さんが買って見せてくれました。香蘭という、バナナのような形の芳香のする花だそうで、ルームミラーにぶら下げました。私たちへの気遣いだったようです。

めざす日月潭の湖は、日本でいうと十和田湖くらいの規模になるようです。

最初に行ったのは、文武廟という、孔子様を祀った廟で、3年前の台湾中部を襲った地震で壊れたのを再建したちょうどそのお祭りのような感じで、赤い提灯で飾られていました。

屋根も柱も、日本とはまるで違う、過剰なまでの装飾、色の洪水。龍の浮き彫りのある石の柱。山門の内側には、おみくじを売っている所があり、日本語を覚えていて話せる老人がいて、パンフレットの写真を見せ、このダムは日本が造ってくれた、などと話してくれました。

おみくじを引くのは、ただくじになった棒を引くだけでなく、その棒でいいかどうかを、一対のソラマメ型の木を地面に落とし確認します。それの片方だけが裏返った状態なら可、両方がウラまたは表だと不可なので、別の棒を引き、またそのソラマメ型の物を落としてそれがいいかどうかを占ってからおみくじをもらうのだそうでした。

野外でクジャクを飼っている孔雀園を見たあと、西遊記で有名な三蔵法師の玄奘を祀った玄奘寺には、夫もちょっと疲れていて上がりませんでした。

その門前のみやげ物屋さんで、なんだかいい香りがする巨大な鍋があると思ったら、加藤さんが、「ここの卵は有名だから」と、1人2個ずつ買ってくれました。八角の香りやら、ウーロン茶のような香りやら、いろんな香草を入れた鍋で煮てあるのでおいしそうで、後で聞けば、娘さんもデートでオートバイでこの日月潭まで来ては、この卵を3個くらい食べるとおなかもふくれ、お金をかけずに遊べるとのことでした。アツアツですぐには食べられないので、しばらく車内に置いてから食べると、醤油味とも違う味と、香草の香りがして大変おいしいものでした。

昼は、そのあたりの店は不衛生なのでと、加藤さんが選んだのはカフェ風のイタリア料理店でした。外のパラソルの下のテーブルが心地よい気温。テーブルのそばにはラベンダーの咲く花壇がありました。

娘さんはビーフストロガノフみたいなご飯もの、私たちは、漢字のメニューで加藤さんに聞きながら、魚介のスパゲティ、と思ったら麺は真っ黒で、イカ墨でした。加藤さんはミートソースみたいでした。台湾でスパゲティにありつくとは思いませんでしたが、おいしかったです。

さらに行くと、開けた眺望の場所があり、車を止めて眺めていると、後から止まった車から、なんと裾をからげた真っ白なウエディングドレスを着た人と、お婿さんが降りてきました。結婚写真の前撮りのようでした。そしてちょっと遠くにもう一組。

写真屋さんと、衣装係の女性、露出係の女性が2人にポーズをつけたり、ドレスの裾を広げたり。見ているとバックがちょっともやのかかった湖で、いかにも幻想的でなるほど、いいロケーションだわ、と思いました。

ぐるりとほぼ一周したあたりに、観光船の船着き場がありました。船着き場周辺には、多数のみやげ物屋さんやホテルが建ち並び、ここが日月潭でも一番のにぎわう場所のようでした。

娘さんが、多数ある観光船の船頭に交渉に行ってくれました。加藤さんの話によると、日本人だとわかると吹っかけられるから、私たちがいない方がいいとのこと。娘さんは結構交渉がうまいらしく、小型船を700元で貸し切りにしてもらったそうです。

瀬戸内海の釣り船のような小さな船を操縦したのは、40代後半くらいのたくましく日焼けした女性でした。船着き場のホテル群が小さくなると、湖の中は手漕ぎボートでデート中らしい男女やら、その他の観光船が所どころに浮かんでいました。水面は鏡のようにおだやかでした。

先ほどふもとを通った蒋介石の母を記念した高さ46mという慈恩塔がはるかに見え、そのうちに中の小島に到着。

驚いたことに、浮桟橋の向こうの陸地と思ったドーナツ状の草地もぷかぷか浮いた浮き島で、真ん中のわずかに残った部分だけが水面から出た本物の陸地でした。神社のような石段の下の方は水面下に没していました。

これもあの台湾中部地震(1999年9月21日に起きた台湾では20世紀で一番大きな地震)の名残りで、以前はもっと水面に出ていたのが、地震で沈んだのだそうでした。

島から帰るときに対岸に見えた建物は、2003(平成15)年10月ニューヨークで100何歳かで亡くなった、蒋介石夫人の宋美齢の別荘とのことでした。

4時半ごろ台中に帰り、加藤さんが気遣って、果物屋さんに寄ってくださり、マンゴーは時季外れでなかったものの、見たこともなかった黄色のスターフルーツ、リンゴのような色の蓮霧（ワックスアップル）などを買ってくれました。植物検疫があるから、これは食べて帰らないと。

5時にホテルに帰りました。翌日には日本に帰るので、飛行機のチケットをフロントに見せ搭乗のための手配をしてもらいました。

部屋で早速果物の試食。

実は台中のホテルに着いた時は、部屋にサービスのお菓子の替わりに果物が置いてあったのですが、これがアメリカ産のフジ（りんごですよ）と、キウイ。こっちはたぶんニュージーランド産。地元産よりも外国産の方が高級というイメージだからでしょうか。台湾人ならばそうかもしれませんが、国外から来た私たちは、やはり地元の物の方が。

そのテーブルナイフを使って買ってもらったスターフルーツを輪切り、というかこの場合は輪、ではなく星型ですが、角の部分をあらかじめ取ってから星切りにして食べると、それほど甘みはなかったものの、ジューシーであっさりした味でした。蓮霧は、リンゴに似てサクサクして酸味のあるあっさりした味でした。

夕食には、娘さんは彼氏とデートだそうで、加藤さん自ら運転の車で、台中のごく庶民的な食堂「猪足大王」という豚足料理専門店らしいところに連れて行ってもらいました。

豚足の煮込み、「こてっちゃん」みたいな内臓の煮込み、スジの煮込み、白菜の炒め物、ご飯、スープをいただきました。そのスープ、どれがいい？と言われ、結局はしいたけにしたのですが、加藤さんは脳みその入ったスープでした。白子みたいな味なのだそうです。豚足の煮込みも、スジの煮込みも、コラーゲンたっぷり、プルプルした感じで大変おいしかったです。

仕上げには、加藤さんのいう「うっとこのヨメさん」がお勧めという、屋外の喫茶店「天染花園」へ案内してくださいました。庭園の中の建物で、庭の席は満席で、2階のテラスへ。夜風に吹かれ、ほの暗いランプの明かりで、ここでしか味わえないメニューがいいと、フルーツティーの、夫は冷たいの、私はホットを注文。

ホットは、固形燃料にガラスのポット。中

日月潭

身はりんご、ライム、オレンジ、その他台湾の果物が輪切りになってたっぷり入っていて、小さなガラスのカップに注いで飲んでみると、さっぱりした酸味とお砂糖の甘み、香りが絶妙でした。

加藤さんの親切な案内に感謝しつつも、早めに寝た3日目でした。

そして台北から日本へ

2003（平成15）年11月16日、台湾の最終日となりました。

前日朝から車で日月潭の観光地をめぐり、少し疲れ気味。

朝食はバイキング形式なので、夫はついつい取りすぎてしまい、私がお手伝いする羽目に。

この日は飛行機に乗るために、加藤さんが11時20分に迎えに来てくれる約束でした。それで、朝はホテルの近所を散歩してみました。

ホテルの北の方に公園があり、そこには国立自然科学博物館や植物園の温室などもあるので、そっちへ向かいました。

ちょうど日曜日で、小学生くらいの子どもを連れた家族連れが多く来ていました。自然科学博物館のほうにはジョーズみたいな看板がかかっていて、海のギャングのような生き物の展覧会をやっているようでした。ところが、立体映像の映画とか、中のイベントがたくさんあり、入場はそのどれとどれを選ぶかとかで料金が分かれるので、券売り場で係の人に聞かれても台湾語で答えられません。

しかたなくそこをあきらめて、向かいの温室に向かいました。幸い温室の入場券はそこだけだったので単純で、1人20元払って入ることができました。

熱帯温室の中は、以前行ったことのある鳥取の花回廊の温室くらいの規模で、高い天井部分から何本もの滝のような水が中央の池に向かって降り注ぎ、熱帯雨林の気候を作り出していました。

花回廊と違って花ばっかりというわけではなく、それでも蘭の種類はたくさんあって、お花一杯で楽しめました。

また、お母さんと子供が学校の宿題なのか、なにかレポート用紙を持って調べ物をしている様子は、ほほえましいなと思いました。

真ん中の休憩所では、トイレに行こうとすると、「女子化粧室」という表示。英語でも「Ｒｅｓｔ Ｒｏｏｍ」とあり、そういう表示は台湾に来て初めて見ました。最初に見た台北の忠烈祠のトイレには「厠所」と表示がしてあったのを思うと、日本語でもそうですが、台湾語でも色々な表現があるのだろうなと思いました。

温室を出て元の道路沿いの歩道を歩いていると、向こうから派手な黄色の軽トラックが4、5台連なってなにかがなり立てながらパレードしてきました。どうやら大売り出しの宣伝隊のようでした。それから、そのそばを走っていた1台の自転車。前にも書いたように、台湾ではたくさんのバイクが走っていたのですが、自転車を見かけたのはこの時が最初で最後でした。

ホテルに戻ろうとすると、先ほどの黄色のトラックが宣伝していた店は、なんとホテルと同じビルの下の階のテナントの電器屋さんだったようで、景品交換所みたいなのやら、目玉商品の引換所みたいなのやらが店頭に並び、黄色のポロシャツを着た店員さんが対応していて、開店を待つお客の行列が長く伸びていました。

夫がチラシをもらってきたので見ると、日本の電器屋さんとほとんど同じような形式の、「盛大新開幕」の燦坤という店の安売りチラシでした。

2泊お世話になった台中金典大飯店の12階のフロントにキーを返してチェックアウトしたのは11時20分。「少々オマチクダサイ」という日本語以外はあまり話せなかった彼女たちでした。予定通り加藤さんが1階玄関に迎えに来て下さいました。

空港のある台北へ出る前に、軽く昼食をしましょうと、昨夜に続いてごく庶民的な、知り合いだという店で、煮込みうどんのような太めの麺と、茹でダコ、豚カツとそっくりの揚げ物を食べさせてくれました。麺は小エビを揚げたものを出汁にしているのだそうです。カレーのような色をしたあっさりした味でした。

その店を出て、いよいよ台中ともお別れです。景色を見ていると、前日夫と加藤さんが話していたビンロウを売る小屋が所どころに見られました。ビンロウというのは椰子の一種で、台湾に自生する木の実に石灰で加工してガムのようにしたものだそうです。ビキニのように露出度の多い服装をした女性が店番をしているということでしたが、この日見かけた人たちも、かなり目を引く服装でした。加藤さんの娘さんの話によると、彼女たちはかなりの高給取りで、日本円で15万円くらいになるのだそうでした。

加藤さんは週3回透析を受けているけれど土日はないということで、片道約2時間の高速道路を自ら運転して、中正国際機場の第1ターミナルまで連れて行ってくださいました。

高速道路はそれほど見るべき景色もなかったのですが、途中渋滞にあいました。事故のためでした。へこんだ車のそばには家族連れらしい5人くらいの人が立って事故処理を待っているところのようで、大事故ではなくてよかったです。

渋滞している間に両隣の車を見ていると、日本ではまだ見たことがなかったクライスラーのネオンを2台見かけました。小型車で、日本車かと見まがう感じでした。

台湾の国産車というのは見ませんでした。左ハンドルのため、見かけた日本車はエンジンだけ日本で、ほかは台湾で製造されたものとのこと、トヨタ、日産、三菱、ホンダなどほとんど見かけませんでした。

国際空港は、第1と第2ターミナルがあり、全然別の場所なので、間違えると大変なのだそうですが、初日のガイドの李さんがそこも教えてくれていたので、最後まで助かりました。

第1ターミナルに着くと、ちゃんと目指すキャセイパシフィックが入っていて、ほっとしました。

加藤さんは時間ギリギリまで喫茶店で付き合ってくださり、最後に握手してお別れしました。

まったく、日本で夫がどんなお世話をしたのだか知りませんが、ご親切にただただ感謝でした。

おかげ様で、珍しいものを見たり聞いたり食べたりしてこられた4日間でした。突然に強引に決めてしまって連れて行ってくれた夫に感謝です。

著者紹介

花房啓子（はなふさ けいこ）

岡山県倉敷市在住。雑誌「婦人之友」愛読者の「全国友の会」会員。

1989（平成元）年から1997（平成9）年8月まで義父を義母と共に介護し看取り。

家族新聞「あじさい通信」を1997年から23年間続けている。ブログ「あじさい通信・ブログ版」は2005年から継続中。学生時代以来の混声合唱も2000年から20年来続けている。

ドライブや旅行が趣味の夫と共に出かけた模様を約9年間メールマガジンに連載。その中で印象深いものを1冊の本にまとめた。

夫《おっと》と歩《ある》いた日本《にほん》すみずみ

2021年4月14日　第1刷発行

著　者　花房啓子
発行人　久保田貴幸

発行元　株式会社 幻冬舎メディアコンサルティング
〒151-0051　東京都渋谷区千駄ヶ谷4-9-7
電話　03-5411-6440（編集）

発売元　株式会社 幻冬舎
〒151-0051　東京都渋谷区千駄ヶ谷4-9-7
電話　03-5411-6222（営業）

印刷・製本　中央精版印刷株式会社
装　丁　立石愛

検印廃止

Printed in Japan
ISBN 978-4-344-93401-6 C0095
幻冬舎メディアコンサルティングHP
http://www.gentosha-mc.com/